TEWORA DIEUDONNE DOGO

DE LA VENGEANCE AU CHRIST

TEWORA DIEUDONNE DOGO

DE LA VENGEANCE AU CHRIST

De la vengeance au Christ est le premier ouvrage d'une série de témoignages de transformation à la gloire de DIEU.

Éditions Croix du Salut

Cover image: www.ingimage.com

Publisher:
Éditions Croix du Salut
is a trademark of
Dodo Books Indian Ocean Ltd. and OmniScriptum S.R.L publishing group

120 High Road, East Finchley, London, N2 9ED, United Kingdom
Str. Armeneasca 28/1, office 1, Chisinau MD-2012, Republic of Moldova, Europe
Printed at: see last page
ISBN: 978-620-6-16880-5

Sommaire

Préface

Le croyant chrétien a fondamentalement conscience de l'existence du monde spirituel. D'ailleurs Dieu qui lui-même est foncièrement esprit est celui qui a appelé à l'existence le monde physique, aussi bien l'univers astral ou céleste, que les éléments constitutifs de la nature terrestre et aquatique (la faune et la flore). Puis Dieu créa par la suite l'Homme qu'il établit maître et gardien du jardin en Eden.

Depuis lors, et pour des besoins de communication et de communion avec le créateur, le genre humain a développé un lien plus ou moins étroit avec le monde spirituel ; que ce soit avant ou après la chute d'Adam et Ève. L'évidence reste de mise : il y a donc une dépendance entre les deux mondes. Si ce n'est que le spirituel influence et impacte le physique. L'homme n'échappe donc pas à ce principe ; tant en bien qu'en mal.

Satan qui fait aussi partie de l'univers spirituel et qui maintient actifs son armée ainsi que ses agents, n'hésite pas à profiter de cette réalité pour détourner les âmes par le truchement de la confusion et de toutes sortes d' « armes destructives ». En somme, le combat qu'il a engagé contre son propre créateur et focalisé sur les êtres humains n'a pour but essentiel que de recruter le maximum de victimes qu'il entrainera avec lui dans sa condamnation éternelle.

Si le chrétien converti confesse et revendique un royaume qu'il n'a pour la plupart du temps pas visité, il est évident que les manifestations physiques de ce royaume le confortent dans le choix de sa foi. Ces manifestions peuvent se traduire par les miracles de guérisons ou de transformation de tout genre mais surtout cette paix profonde que procure sa dépendance au Seigneur Jésus Christ dans des circonstances parfois défavorables ; humainement parlant. Plusieurs viennent alors au Seigneur par le fait d'une acceptation volontaire ordinaire. Et beaucoup d'autres par contre sont au préalable assujettis à de terribles batailles spirituelles (le plus souvent transposées dans le monde physique) avant de finalement faire le pas de la conversion ; la plupart du temps par effet d'excès.

La rupture d'avec le monde satanique n'est finalement consommée qu'à l'issue de la dénonciation par cette catégorie de convertis de leurs anciennes pratiques. Mieux, cette rupture devient effective suite au témoignage que les transfuges des œuvres démoniaques, rendent désormais à la gloire du Dieu vivant. Relaté de cette façon, le témoignage de conversion, loin de faire l'apologie du diable, demeure plutôt un signe de victoire du témoignant en référence à Apocalypse 12 :11.

Révérende GNEPE Déborah
Titre :..........

Chapitre 1

Une naissance controversée

Amis lecteurs, chers parents, frères et sœurs dans le Seigneur que Dieu vous bénisse abondamment et que la main puissante de notre Dieu soit sur vous.

Je souhaite en premier lieu bénir le nom du Seigneur pour ce que nous entreprenons à travers cette série de témoignages. Prions tout d'abord le Seigneur : *Notre père nous te bénissons pour ce que tu es. Nous te bénissons pour ce que tu fais. Béni sois tu parce que tu es Dieu, au nom Puissant de Jésus Christ de Nazareth. Père Eternel Dieu tout puissant, je prie que toi tu puisses nous accorder Eternel Dieu tout puissant ce que nous souhaitons accomplir pour la gloire de ton saint nom. Donne-nous la science de toute chose au nom puissant et suprême de Jésus Christ... Notre père nous te bénissons pour ce que tu fais au nom de Jésus. Merci parce que tu es puissant, merci pace que tu es amour, merci parce que tu es vainqueur. Eternel Dieu tout puissant, donne nous la sagesse, la connaissance de toute chose. Nous voulons père, conter tes merveilles et nous voulons t'exprimer notre gratitude, nous voulons exprimer tes bienfaits. Merci Seigneur pour ce que tu fais. Que toi-même père, tu me donnes de pouvoir me rappeler de tous tes bienfaits, des différents volets de cette aventure que tu m'as permis de vivre et que je vais conter afin de te rendre toute la gloire, au nom de Jésus Christ. Amen !*

Que le Seigneur nous bénisse. Je suis le prophète Lohourignon Elysée et je suis président fondateur d'une mission appelée Eglise Evangélique des Elus de Christ qui est basée à *Bouaflé. Je suis marié et père d'un enfant à ce jour. Je veux partager avec vous une histoire qui est la mienne, une histoire qui retrace mon cheminement dans l'appel que j'ai reçu par la grâce à servir le Seigneur Jésus Christ. Ce n'est pas une histoire qui m'a été contée, mais ce sont des choses que j'ai vécues personnellement. Pour moi-même particulièrement ceci est et demeurera un constant sujet d'édification. Et je souhaite par ce récit aider le peuple de Dieu à comprendre combien l'amour de notre créateur est profond et manifeste pour chacun. Du moins c'est tel que cet amour s'est manifesté à mon endroit pour me sortir du chemin de la perdition afin de me ramener dans sa bienfaisante présence.

Je suis de l'ethnie bété de par mon père, monsieur Lorougnon Lucien. Ma mère quant à elle, est baoulé et se nomme Kouadio Affoué Léontine. A l'état civil, je me nomme Lorougnon Didier Franck. Mais vous comprendrez dans la suite de ce témoignage pourquoi je suis passé du prénom Didier Franck à celui d'Elysée.

Voici en réalité comment débute cette histoire. Comme je l'ai déjà dit, je suis bété et le premier petit fils de ma famille paternelle. Je n'ai pas suffisamment connu mon grand-père. Mais toujours est-il que je garde de lui le souvenir d'un homme

**Bouaflé : ville du Centre Ouest de la Côte d'Ivoire située dans la région de la Marahoué*

élégant qui se prénommait Gaston. Et, dans la famille de ce grand père, subsistait une malédiction.

Ce patriarche était propriétaire terrien et donc détenteur et dépositaire à la fois de l'héritage et des us et coutumes des aïeuls. Le village dont nous sommes originaires s'appelle *Yopohué* ou encore *Ithia* de Ouragahio dans le canton *Zédi*. Mon père, lui, a grandi avec mon grand-père.

Il fut un temps où mon géniteur quitta son père pour aller s'installer à Abidjan. Ma mère avait déjà conçu deux enfants avant de rencontrer mon père. Elle de son côté avait une vie moins rangée et certainement moins agréable au Seigneur avec une instabilité dans les relations conjugales. C'est dans cet état des choses que mes deux parents se sont rencontrés. Toutefois ma génitrice avait auparavant rencontré un serviteur de Dieu qui lui avait révélé qu'elle mettrait au monde un enfant qui « changerait sa vie ». Elle n'avait pas encore accepté le Seigneur et avait plus ou moins méprisé cette parole.

C'est tout misérable et esseulé que mon père qui avait quitté d'une manière rebelle son géniteur débarqua à Abidjan, la capitale économique de notre pays la Côte d'Ivoire. Et, en dépit de sa situation socio-économique, c'était un homme qui appréciait plutôt la belle vie. Le genre d'hommes qui aiment les belles choses et préfèrent prendre la vie du bon côté.

Ma mère tomba enceinte de lui quelque temps après leur rencontre, alors que tous deux habitaient au Groupement Foncier (Quartier GFCI) dans la commune de Marcory. C'est alors que survinrent les premières oppositions familiales relatives à cet amour. Lesquels obstacles poussèrent ma mère à vouloir avorter de cette grossesse parce que mes parents maternels s'opposaient à leur union. Ces dissensions étaient essentiellement dues au fait de la situation précaire de mon père qui n'arrivait pas à joindre les deux bouts.

Par amour pour son amant ma mère n'eut pas d'autre choix que de s'opposer à ses propres parents en vue de vivre ensemble avec ce dernier. Elle finit par les quitter et aménagea avec son homme. Ceci était le résultat non seulement de l'amour que les deux concubins se manifestaient mutuellement mais également des belles promesses que l'homme avait su insérer dans la tête de la jeune fille. Il l'avait fait rêver en quelque sorte, ce qui a constitué une belle arme qui parvint à désamorcer toute la fibre familiale qui jusque-là maintenait ma mère dans les jurons de ses parents. Ma mère se résolut à me garder bien qu'au départ elle eut du mal à penser la venue prochaine de son troisième enfant ne lui attirerait que des ennuis avec ses parents. Si elle perdait l'estime familiale, elle s'accrochait tout au moins à cette naissance qui était le fruit son idylle avec son conjoint.

Le bébé de cette grossesse qui avait tout l'air d'être non souhaitée et que portait ma mère n'était nul autre que moi. Et c'est dans cette atmosphère que ma mère me mit au monde en 1980 ; le 19 décembre de cette année-là. Six jours après que je sois venu au monde, je tombai gravement malade au point où mes parents ont pensé tout de suite qu'ils me perdraient. Tous ceux des amis et connaissances de mes parents qui les visitaient à l'occasion de ma naissance, ne prédisaient pas mieux. D'aucuns ont dès lors relié mon état de santé à une malédiction qui aurait résulté de l'opposition de mes parents maternels à l'union de mes deux parents. Ma mère pour sa part se voyait déjà en train de me perdre. Elle qui n'avait jamais connu une telle expérience en tant que mère... En effet ses deux premiers accouchements s'étaient déroulés sans aucun souci.

Les deux amants étaient en réalité en train de perdre un enfant qui consoliderait leur union. Union qui leur permettait de tenir tête à quiconque voudrait militer pour leur séparation. Le fruit de cette idylle, le fils héritier, et l'aîné des petits fils Lorougnon ne réussirait certainement pas à faire la joie de ses parents tant la maladie, ce mal mystérieux était en train de m'emporter à moins d'un mois d'une naissance si attendue de mes deux amoureux de parents.

Mon père ne voulant pas accepter cette fatalité se mit spontanément à la recherche de solutions extra médicales. Il avait un ami malien à cette époque qui lui rendit visite dans le même temps. Le diagnostic de ce dernier remettait drastiquement en cause mon pronostic vital.

- Mon frère, lui a-t-il murmuré ; ton fils là il ne va pas vivre.... Mais je connais quelqu'un qui peut, peut-être faire quelque chose. Conclut-il avec hésitation.

Ce pan de phrase suscita une lueur d'espoir dans les yeux de mon père qui était plus que jamais déterminé à mettre toutes les chances de son côté. Ce quelqu'un n'était nul autre qu'un marabout que l'ami malien de mon père lui recommandait pour sauver le fils héritier aîné que je suis. Aussitôt dit, aussitôt exécuté ! Mon père s'empressa d'aller avec son ami consulter ce marabout. Dès que nous eûmes franchi le seuil de la porte du charlatan, ce monsieur en qui se plaçait en ce moment-là l'espoir de toute une famille ne tarda pas à briser le dernier regain d'espérance que mon père plaçait en cette visite. En effet quand il m'aperçut, le marabout s'écria d'une voix désespérante : mais, vous m'envoyez quelqu'un qui est déjà mort !

Il était plus que 23 heures quand mon père et son ami arrivèrent chez le charlatan. Eu égard à la détermination des deux hommes, le marabout ne voulut pas s'en tenir à sa lugubre confession et promit de jouer de toutes ses *connaissance et puissance* afin de sauver la vie de ce bébé qui respirait à peine entre les mains de son père désespéré. D'un pas furtif, il sortit dans le noir et alla dehors d'où il revint avec une poignée de sable. Nul ne savait de quelle partie de la rue il avait ramassé ce sable. Toujours est-il que le marabout pris le sable, en réalité une motte de terre qu'il frotta légèrement sur ma tête frêle. Après quoi il nous donna la permission de nous retirer.

Une fois chez nous, je parvins à bien dormir cette nuit-là quoique la fièvre dans mon corps demeura permanente. C'est un état de santé que je dus trainer sur une longue période et qui entraina un amaigrissement aigu du petit corps de bébé de moins d'un mois que j'étais. Chacun donnait son pronostic, les uns accusant la sorcellerie, les autres un mauvais sort ou encore la malédiction pour les plus tenaces opposants à l'union de mes parents. En dépit de toutes ces tentatives d'explications que l'on voulait absolument trouver à ma situation, nul, ni la médecine, ni les charlatans n'arrivait à faire me faire un diagnostic qui révèle ce dont je souffrais exactement.

Avec cette situation les conditions sociales de mes géniteurs ne firent qu'empirer. Le ciel semblait être fermé sur eux avec cette vie qui devenait de plus en plus difficile à Abidjan ; déjà qu'ils ne parvenaient pas à vivre décemment avant ma naissance. C'est ainsi que mon père convainquit ma mère de quitter la capitale en vue d'aménager à Bouaflé où dit-il, « *mon papa a une maison et une grande plantation, et comme toute la famille est pratiquement basée au village, nous allons occuper la maison…* ». Il n'en fallut pas plus pour convaincre ma mère qui de toutes les manières n'avait pas vraiment le choix.

Une fois à Bouaflé, mon père changea d'avis quant à l'occupation de la maison familiale. Il décida de prendre une petite maison en location en compagnie de sa dulcinée et moi. Nous atterrîmes finalement au quartier *Dioulabougou* de Bouaflé. Mon état de santé s'était de plus en plus empiré entre temps. Depuis deux semaines après ma naissance je souffrais terriblement. Mes parents ne savaient à quoi me comparer. J'étais devenu tellement maigre que chaque fois qu'ils jetaient leur regard sur moi ils ne faisaient que couler des larmes d'angoisse, de tristesse et de désespoir.

Cependant dans le quartier qu'ils venaient à peine d'habiter vivait une femme souffrant de quelques troubles mentaux. C'est cette femme qui dit un jour à mon père : tonton, il y a une femme qui est près du cocotier de l'autre côté du quartier qui peut soigner ton enfant.

Mon père sans hésitation mena d'abord quelques investigations pour vérifier d'après les indications de la ''folle'' s'il se trouvait effectivement une habitante à l'endroit indiqué. Avec beaucoup d'étonnement, il se rendit compte que la chose était avérée. Aussi cette même nuit, me prit-il en compagnie de sa femme pour se rendre auprès de cette dame. Le mystère qui entourait sa rencontre d'avec la ''folle'' ne lui suscita aucune interrogation. Seule comptait ma guérison, car mon père tenait vaille que vaille à livrer toutes les batailles en vue de me garder en vie. Je représentais beaucoup pour lui...

La guérisseuse était sur le point d'aller se coucher quand mon père frappa d'un point ferme et déterminé trois coups expressifs à sa porte. De l'intérieur de sa maison elle demanda qui était là. Après quelques précisions données par mon père depuis l'extérieure de la maison sur cette visite inopportune que nous lui rendions, la guérisseuse vint nous ouvrir avec une mine qui en disait long sur les dispositions qu'elle avait déjà prises, afin d'entamer une bonne nuit de repos. Elle avait l'habitude de recevoir des patients certes mais cette heure-ci de notre intrusion ne faisait guère partie de ses horaires de consultation. Ce qu'elle ne tarda pas à signifier à papa : hum ! La nuit je ne touche pas aux malades, en plus c'est un enfant. Votre bébé est déjà mort et vous devriez vous en rendre compte non ? Ces propos empreints d'une cruauté sans pareil ne tardèrent pas à arracher des larmes à ma mère qui suffoquait déjà de sanglots. Mon père par contre ne se désarma guère. Il se mit à supplier la féticheuse de toutes les expressions de supplication dont il pouvait se rappeler. La dame finit par capituler et sans plus tarder procéda à un rituel quasi similaire à celui du guérisseur qui nous avait reçus un peu moins de 02 semaines auparavant à Abidjan. Elle enfonça son indexe droit dans le sol de sa maison non cimentée qu'elle dirigea directement dans ma petite bouche à peine ouverte non sans omettre quelques paroles inaudibles qu'elle marmonna. Après quoi elle nous donna rendez à mes parents pour le lendemain sans aucune forme de procédure. Cette nuit particulièrement fut paisible pour moi selon mes parents. Le lendemain nous repartîmes auprès de la guérisseuse qui visiblement nous attendait. Elle me prescrivit une mixture de plantes dont elle seule détenait le secret avec une posologie que mes parents devaient suivre impérativement. Dès lors je commençai à mieux me porter.

Dans le même temps, mon papa qui disposait d'un cercle d'amis particulièrement issus des pays de la sous-région en avait un d'origine guinéenne. Ce dernier, du nom de Bakary possédait une poule en ponte qu'il proposa à mon père d'acheter à 1500 frs CFA. Cette proposition était loin d'intéresser mon géniteur qui n'avait pour seul objectif que ma guérison. Aussi répondit-il gentiment à son ami en lui avouant qu'il manquait suffisamment d'argent pour s'offrir le plaisir de s'acheter des poulets. Pendant que son fils avait besoin du strict minimum pour être délivré de l'affreux mal qui le rongeait. En dépit de tout cet argumentaire l'ami insista auprès de papa prétextant d'une forte envie de fumer et qu'il n'avait rien pour s'acquérir un paquet de cigarettes. Pour ce faire il revit le coût du poulet à moitié prix, c'est-à-dire 700 frs CFA. Mon père possédait effectivement les 700 frs en ce moment-là et la marchandise ne lui déplaisait pas non plus. Par ailleurs jugea-t-il, ce ne serait pas une mauvaise affaire s'il parvenait à posséder cette poule en ponte. Cela pourrait lui rapporter plus tard plusieurs poussins qu'il pourrait à son tour revendre à profit. Cependant pour une raison que lui-même ignore encore aujourd'hui, mon père assimila la possession de cette poule à moi. En clair, il compara le fait qu'il dispose de cette poule au fait qu'il m'avait comme fils. La poule était un trésor pour lui au même titre que moi. Pour le matérialiser, il prit expressément un stylo et une feuille blanche sur laquelle il écrivit mon prénom Didier qu'il conserva dans sa chambre tout en confessant : « ce poulet représente mon fils ». Etait-ce un transfert d'âmes ? Mon père avait-il reçu un conseil mystique quelconque au point d'associer mon nom à celui d'une poule dont il rentra en possession ?

Et comme par enchantement, au lendemain de cette action, mon cas s'empira avec une toux aggravée. Je toussais sans cesse au point de perdre le souffle. Cette toux était constante et si éprouvante. Ce qui éveilla une fois de plus l'inquiétude de mes parents qui se mirent encore une fois à courir dans tous les sens.

Bien aimés ce que je vous raconte là est ma vie, c'est un témoignage contemporain dont les acteurs sont encore en vie au moment où je vous raconte ces choses. Mes parents qui en sont les acteurs clé sont encore vivants et résident présentement dans le secteur d'*Agbanou Plateau* de Bouaflé où mon père est l'actuel chef de quartier.

Rien ne semblait plus désormais aller dans le bon sens parce que je n'arrivais plus du tout à respirer. Maman s'était faite une amie qui fréquentait l'église AEECI (Alliance des Eglises Evangéliques de Côte d'Ivoire) de Bouaflé et qui l'invita dans son assemblée avec ces paroles sur un ton rassuré mais quelque peu osé pour une personne assommée par le désarroi : viens dimanche à l'église et tu verras Dieu va sauver ton enfant.

Ma mère avait essayé toutes sortes de solutions auprès des marabouts et guérisseuses qu'elle et mon père pouvaient connaitre pour retomber dans les mêmes anxiétés au bout du compte ! Toutefois après qu'elle ait constaté que rien n'était perdu après ma « semi guérison » par la féticheuse elle était devenue tout aussi déterminée que mon père. Elle se dit qu'elle ne perdait rien à essayer aussi du côté de l'église. Le ''comment faire'' pour sortir son enfant de cette impasse était son leitmotiv. Aussi avait-elle oublié en ce moment précis cette parole qui lui avait été donnée des années auparavant et qui lui annonçait la venue d'un enfant qui transformerait sa vie. Le dimanche, maman fut la première personne à se pointer devant la porte de l'église ; moi, blotti entre ses mains, emmailloté de quelques draps de fortune et perceptible par mes brusques mouvements respiratoires que provoquait cette oppressante toux. Les membres même du service d'accueil et d'ordre n'étaient pas encore arrivés que ma génitrice s'était pointée devant cette église.

N'est-ce pas là une attitude correspondant à celle d'une personne qui répond à l'appel du Seigneur quand ce dernier dit « venez à moi vous tous qui êtes fatigués et chargés et je vous donnerai du repos » ? Pour dire qu'il y a encore des gens qui continuent de porter leurs fardeaux parce que ceux-ci ne sont pas suffisamment pesants pour les conduire au Seigneur. La conversion à Christ est certes le plus grand miracle qui puisse exister et qui ne dépend pas forcément de la volonté des hommes. Mais, il est une chose qui consiste pour l'homme de prendre conscience de son état et de vouloir rechercher des solutions pour l'amélioration de cet état. Cher lecteur, où recherches-tu la solution à ton problème ? Quel chemin empruntes-tu pour ta guérison ? A qui adresses-tu tes questions pour ta destinée ? Jésus Christ est le Chemin, la Vérité et la Vie ! Amen.

L'enfant malade dans ses bras, ma mère lors du temps de ministère s'approcha de l'homme de Dieu, le pasteur David de l'AEECI. Elle supplia le pasteur en ces termes : pasteur voici mon enfant, ça ne va pas chez lui, il est mourant…, on dit de venir à l'église que Dieu va le sauver, s'il vous plait faites quelque chose pour lui…

Le serviteur de Dieu me récupéra des mains de ma mère puis, pria intensément pour moi. Ce jour-là au sortir de l'église ma génitrice fit ce vœu à Dieu comme quoi si le Seigneur me guérissait elle n'allait plus jamais quitter l'église et lui consacrerait sa propre vie ainsi que la mienne. C'est ainsi que la toux cessa progressivement mais de façon très rapide et tout rentra à nouveau dans l'ordre chez moi.

Elle n'avait toujours pas en souvenir cette parole reçue de l'homme de Dieu concernant la venue d'un enfant bienfaiteur lorsqu'elle fit ce vœu. Cependant cette parole voyait quelques-uns de ses aspects s'accomplir par ces circonstances. Ma mère où qu'elle fût allée n'avait guère trouvé de solution à mon état de santé mais la donne était en train de changer après son passage à l'église ce dimanche-là. C'est à l'église que je reçus effectivement la délivrance par la guérison. Ce qui conforta maman dans son vœu. Elle ne quitta plus jamais l'église AEECI ; au contraire elle s'y fit baptiser dans le Seigneur et devint fervente dans la foi. Et à ce jour elle y est demeurée selon son serment.

A ce niveau de mon récit je vous imagine en train de soupirer pour vous exclamer « enfin ! ».

Bien aimés, je veux juste vous rappeler que c'est ma mère qui venait de faire la paix avec le Seigneur et non le bébé Didier. Certes j'avais bénéficié du fruit de cette foi mais ma destinée à part entière était et est toujours liée aux promesses du Seigneur sur ma propre vie et non sur celle de mes parents. Ce n'est pas non plus parce que la prophétie avait sonné me concernant que systématiquement je devais être déclaré apte à accomplir tout ce que le Seigneur avait déclaré à mon sujet après cette guérison. L'appel de Dieu est individuel même si ses implications font souvent intervenir les personnes de notre environnement social immédiat en vue de son accomplissement. De même l'acceptation de cet appel exige une réponse individuelle. Ce n'est pas parce que je suis né dans une église que je deviens de facto un chrétien. Je ne suis pas non plus chrétien parce que mon père est pasteur. Je ne le suis encore moins parce que ma mère est diaconesse. Bien aimé même quand tu hériterais d'une église toute entière tu n'es pas encore chrétien. Devenir chrétien c'est confesser soi-même, individuellement ses péchés et accepter personnellement de marcher avec le Seigneur.

Ma mère avait pour sa part confessé le Seigneur Jésus, mais ce n'était pas mon cas surtout qu'en tant bébé je n'en avais ni la conscience ni la capacité. Voyez, bien aimés ; parce que j'avais reçu ce privilège de la guérison, mes parents pouvaient revendiquer ma chrétienté et moi-même plus tard à un âge adulte, au souvenir de ce miracle je me dirais tout aussi chrétien que les croyants qui avaient assisté à ma guérison ! Que non ! J'étais guéri, j'avais bénéficié du secours de Dieu mais je ne lui avais pas encore personnellement donné ma vie. Je ne l'avais pas encore accepté, encore moins reçu. **Jean 1:**

12. Mais à tous ceux qui l'ont reçue, à ceux qui croient en son nom, elle a donné le pouvoir de devenir enfants de Dieu, lesquels sont nés,

13. non du sang, ni de la volonté de la chair, ni de la volonté de l'homme, mais de Dieu.

Après cet épisode de ma guérison, je fus recueilli par l'homme de Dieu chez lui depuis l'âge de 02 ans jusqu'à 06 ans. Ainsi donc je fus à mi-parcours de ma petite enfance élevé par un pasteur avec tout l'environnement socio spirituel que cela implique. Il arrivait entre temps que l'on me ramenait visiter papa et maman de temps à autre. Mon père me visitait souvent aussi mais lui n'avait pas encore accepté le Seigneur. Seule maman avait franchi ce pas. Mon frère et ma sœur eux suivaient simplement maman à l'église. Ils n'avaient pas non plus accepté le Seigneur Jésus Christ.

Vous, chers parents, qui avez des enfants il est important de les disposer dans les voies du Seigneur afin que quand ils en ont conscience ils puissent faire leur choix de vie. Ceci est valable à la fois pour l'enfant dont les parents sont chrétiens et pour celui dont les parents ne le sont pas. Qu'il soit issu de parents musulmans, animistes, bouddhistes ou athées, l'enfant a le libre choix une fois conscient de choisir la voie qu'il juge opportune pour son salut. Ce n'est pas parce que son père est musulman qu'il doive le devenir lui aussi de façon systématique. Tu as aussi le libre choix à faire pour la voie de ton salut. Et la plus indiquée dans le genre est celle que propose le Seigneur Jésus Christ. Que Dieu nous bénisse…

A partir de l'âge de 06 ans, mon père vint me réclamer à l'homme de Dieu en vue de me scolariser. Ceci remonte à l'année 1986.

Le pasteur ne pouvait –il pas me scolariser? Visiblement le diable fomentait un coup pour me ramener dans sa geôle de tortures. Mais le Seigneur veillait également et vous le comprendrez bien.

Les choses vont s'accélérer à partir de cet instant. Je fus donc inscrit en première année des Cours Préparatoires (CP1). Ma première année scolaire présageait de bonnes perspectives d'études. En effet j'étais très éveillé et paraissais brillant en classe. A sept ans, je passai le CP1 pour la classe de CP2. C'était à l'EEP Télé 2, sise en face de la Compagnie Ivoirienne d'Electricité (CIE) de Bouaflé. Télé 1 au-dessus, Télé 2 en dessous et Télé 3 qui se situait à *Koblata.* Une année scolaire plus tard je parvins en première année des Cours Elémentaires (CE1) âgé de huit ans. Mon papa gérait un petit kiosque à café en cette année-là dans les environs de la gare appelée « *Thibo Gare* » là où se trouve l'actuelle nouvelle mairie de Bouaflé. Les locaux de l'ANADER (Agence Nationale de Développement Rural), et l'hôpital général se trouvaient à proximité.

Une après-midi, nous nous retrouvâmes à cet endroit des amis écoliers et moi pour un déblayage. Nous étions en train de nettoyer l'endroit lorsqu'une bagarre éclata entre nous. C'est au cours de cette bagarre qu'un copain à moi du nom de N'Goran Innocent me fracassa le crâne avec l'outil artisanal qu'il tenait en main : une daba. Le sang qui jaillit de ma tête provoqua la panique au milieu de la bande de copains que nous constituons Innocent, moi et les autres

La blessure était suffisamment grave pour nous alarmer de même que nos parents…

Je voudrais avant de poursuivre le récit nous exhorter bien aimés en prenant appui sur le livre de **Lamentations 5 : 1-8**

1. *Souviens-toi, Éternel, de ce qui nous est arrivé! Regarde, vois notre opprobre!*
2. *Notre héritage a passé à des étrangers, Nos maisons à des inconnus.*
3. *Nous sommes orphelins, sans père; Nos mères sont comme des veuves.*
4. *Nous buvons notre eau à prix d'argent, Nous payons notre bois.*

5. Nous sommes poursuivis, le joug sur le cou; Nous sommes épuisés, nous n'avons point de repos.
6. Nous avons tendu la main vers l'Égypte, vers l'Assyrie, Pour nous rassasier de pain.
7. Nos pères ont péché, ils ne sont plus, Et c'est nous qui portons la peine de leurs iniquités.
8. Des esclaves dominent sur nous, Et personne ne nous délivre de leurs mains.

C'est une brèche que j'ouvre et qui nous donnera de comprendre la profondeur des circonstances qui succéderont à l'incident qui me causa la blessure mentionnée précédemment.

Vous comprenez aisément au regard des propos du prophète Jérémie qu'Israël, le peuple de Dieu, était en proie à la souffrance. Israël cherchait le repos mais n'en trouvait pas. Pourquoi ? Simplement parce que ce peuple était en train de subir les conséquences des liens des ascendants. Et quand le lien de familial se manifeste dans la vie d'une personne cela lui crée beaucoup de problèmes. L'on peut être serviteur de Dieu et subir les liens de famille. Les générations successives du peuple juif qui sortit d'Egypte ont en effet expérimenté et subi des difficultés existentielles du fait de la désobéissance des contemporains. Toutefois, l'héritage du péché de son ascendance n'a cessé de lui être rappelé par le Seigneur chaque fois que ce peuple adoptait une posture semblable à celle de ses aïeuls. **Lamentations 5 : 7** _ *Nos pères ont péché, ils ne sont plus, Et c'est nous qui portons la peine de leurs iniquités.*

Je voudrais marquer un arrêt à ce niveau et revenir sur le témoignage. Mais permettez que je vous parle un tant soit peu de mon ascendance à moi avant de poursuivre. Je veux tout au moins vous éclairer sur quelques aspects de ma vie familiale en rapport avec le présent témoignage.

Situons cet épisode juste à la période où je n'étais encore qu'un enfant, pendant que ma mère n'avait point encore accepté le Seigneur. Vous savez certainement déjà qu'à l'âge de six ans j'ai été récupéré par mon père pour des raisons de scolarisation.

J'ai été le protégé du pasteur quand j'avais deux ans. Mais entre un et deux ans mes parents m'ont fait vivre un temps d'errance qui m'a conduit au village. Mon grand-père chez qui nous avons débarqué n'avait eu connaissance de mon existence que lorsque nous arrivâmes auprès de lui mes parents et moi.

A cette époque ce dernier était un très grand chasseur, descendant d'une lignée de chasseurs.

Lorsque pour la seconde fois à l'âge de sept ans mes parents m'ont ramenèrent au village pour les vacances scolaires, mon grand-père me raconta cette histoire que je prends la peine de vous partager. Cette histoire marqua mon esprit d'une empreinte indélébile d'autant plus qu'à ce jour j'en garde les moindres détails. S'il arrivait qu'elle vous paraisse assimilable à une fable, n'oubliez pas que de même, des anges de Dieu sont descendus sur terre au temps jadis et ont cohabité avec les fils des hommes.

Autant les démons aussi sont capables de s'incarner dans des êtres animés ou même des objets afin de se manifester. C'est là où les profanes vous parleront « des mystères de l'Afrique ». Mais la Bible même mentionne un récit qui nous rappelle que des anges (êtres censés être spirituels) se sont mêlés à des êtres humains et desquels est issue une descendance. **Genèse 6 :**

1. Lorsque les hommes eurent commencé à se multiplier sur la face de la terre, et que des filles leur furent nées,

2. les fils de Dieu virent que les filles des hommes étaient belles, et ils en prirent pour femmes parmi toutes celles qu'ils choisirent.

L'histoire racontée par mon grand-père révèle donc que son oncle à lui étant allé chasser du gibier tard dans la nuit. Au cours de cette randonnée les proies ne se firent pas attendre. Au bout de quelques instants, il aperçut une gazelle dont l'embonpoint le rassura sur l'issue de sa conquête nocturne. Le grand père se mit alors en position de tir, visant sa cible à la tête pour ne pas lui laisser de chance de survie. Juste au moment où il s'apprêta à appuyer sur la gâchette de son fusil, il entendit un craquement de branche derrière lui. Le bruit l'ayant distrait l'aïeul fit volteface pour comprendre ce qui se passait. Ce court instant d'inattention lui fit perdre du coup sa cible. Il se mit donc à scruter les environs pour voir s'il apercevrait encore la gazelle dans les parages. Malheureusement il venait de perdre l'animal. La mort dans l'âme, le grand père était sur le point de décamper quand il aperçut, sortie de nulle part, une très belle jeune fille d'un certain âge. Une fille, à une heure pareille de la nuit aux fins fonds de la forêt ! Ce sont des détails qui échappèrent à l'aïeul à côté du fantastique tableau de cette beauté irrésistible à laquelle face à laquelle il fut désarmé d'un trait. Sans rien attendre de l'homme la jeune dame fit savoir au chasseur ses intentions en ces termes : C'est toi qui es mon mari, et c'est toi que je suis venue chercher…

Pour le moins surprenant que cela puisse paraître le grand père sans se poser de question se hâta de ramener la jeune fille au village. En compensation de la gazelle ratée, il eut une femme, celle qui devait devenir sa deuxième épouse… Cela ne pouvait que le soulager de cette malchanceuse chasse nocturne. Du gibier, je pourrai toujours en ramener au village se convainquit il ; fier de sa mystérieuse trouvaille. Que savait-il de cette femme ? Etait-elle un être réel ? Un esprit incarné ? La beauté de celle qui s'était autoproclamée sa femme suffisait à justifier la présence de cette inconnue à ses côtés, au milieu de la communauté. Il la présenta au chef de famille comme sa nouvelle épouse, ce qui ne manqua pas de susciter des sentiments à la fois de jalousie et curiosité chez sa première compagne. Il y eut un point cependant sur lequel tous furent unanimes : cette femme était extraordinairement belle et sa beauté n'avait nulle pareille dans tout le village.

Cette femme en plus de son physique enchanteur aux dires de mon grand-père présenta aussi des signes d'une personne mystérieuse tout comme le fut son apparition dans la brousse. Elle ne mangeait guère à la maison. En dépit de tout ce qu'elle pouvait cuisiner pour la maisonnée, elle trouvait toujours un prétexte pour différer la prise de son repas.

Il est un fait dans nos sociétés traditionnelles qui est que le repas était servi en plusieurs catégories : les enfants avaient leur plat, les pères mangeaient ensembles puis les mères (coépouses, tantes, cousines…) étaient servies à part.

Cette femme échappait constamment à la curiosité de la famille quant au fait qu'elle n'eut jamais à manger après la cuisson du repas. L'étrangère conçut avec mon aïeul six enfants. Trois d'entre ces enfants présentaient les mêmes caractéristiques que leur mère, savoir qu'ils mangeaient rarement à la maison. En réalité cette femme était un démon incarné, un démon de la brousse qui s'était incarné dans ce corps de séduction. Aussi ne pouvait-elle pas vivre et manifester pleinement une vie d'un être humain ordinaire. Elle prit tout le temps de son séjour au village le prétexte d'aller se soulager dans la brousse environnante pour en réalité se transformer en gazelle et consommer des herbes comme le ferait tout herbivore. C'était sa nature et il ne pouvait en être autrement. Cependant cette supercherie démoniaque fut finalement démasquée. Et, figurez-vous que le malheur arriva par la propre progéniture de la « *femme gazelle* ».

Son fils cadet qui était très intelligent, ayant remarqué les habitudes pour le moins peu commodes de sa mère et ses autres frères, chercha à satisfaire sa curiosité. Un jour il suivit discrètement ses deux sœurs, son frère et leur mère à l'endroit où ces derniers se rendaient. C'est alors qu'il découvrit une scène incroyable de ses propres parents en train de muter en animaux. D'un regard médusé, il regardait sa mère et ses frères transformés en gazelle en train de brouter l'herbe fraiche. Aussi impensable que cela pouvait paraître l'enfant de sa cachette ne manifesta aucune attitude de panique. Bien au contraire, il garda cette scène secrètement dans son esprit jusqu'à l'âge d'environs quatorze ans. Il avait percé le mystère et attendu jusqu'à cet âge, puis un jour n'en pouvant plus, il se rapprocha de son père et lui avoua ce secret : papa est ce que tu sais que maman se transforme en gazelle ? lui demanda-t-il avant de détailler son hallucinante découverte.

L'échange entre le père et le fils parvint malencontreusement aux oreilles de la rivale de la femme étrangère. Ce fut une arme que la rivale se réserva discrètement pour un jour de querelle avec sa coépouse. En effet ce jour ne tarda pas. Pendant que les deux femmes de l'oncle de mon aïeul étaient aux prises, (c'était des scènes qui ne manquèrent plus au quotidien depuis le jour où la première en savait un peu trop sur la seconde), la plus ancienne des compagnes révéla au grand jour et en public les origines animalières et mystiques de la deuxième femme. Cette dernière, sous l'effet de surprise n'arriva pas à placer, pas même un mot. Elle pleura amèrement à la suite de ces révélations qui la mettaient à nu et l'exposaient à la vindicte populaire. Aussi un matin alors qu'elle partit pour se soulager comme à son habitude dans la brousse, elle n'en revint plus jamais. Abandonnant ainsi mari et enfants au village.

Aussi à *Yopohué* le village dont mon père est originaire, il arrivait à une certaine époque encore où l'on assistait à des apparitions de gazelles en plein jour que ce soit dans les cours familiales que sur la place publique. La communauté villageoise et les plus anciens en particulier ont gardé en souvenir cette histoire et se sont rendus compte en effet de l'origine peu ordinaire d'une partie de notre ascendance. Ceci a été d'autant plus attesté que dans la famille, la viande de gazelle a été de tout temps un totem pour tous les descendants de mes aïeuls. Mais, aussi apparente ou fantastique que cela puisse paraitre, cette histoire laisse entrevoir des racines malsaines de la lignée dont je fais partie biologiquement parlant. Même si du fait que j'aie expérimenté la grâce de Jésus Christ je me sens libre de consommer la viande de gazelle aujourd'hui. **1 Corinthiens 10** :

25 Mangez de tout ce qui se vend au marché, sans vous enquérir de rien par motif de conscience;
26 car la terre est au Seigneur, et tout ce qu'elle renferme.

Par ailleurs, du côté maternel de mon père, toujours dans la sous-préfecture d'Ouragahio, précisément dans le canton *Zedi* (mon père est né de familles issues de deux villages de ce canton), dans le village *Sanepa* existe également une autre légende. Celle-ci me fut racontée par ma grand-mère paternelle.

Dans le village dénommé *Itia* (premier village du canton Zedi en provenance de Ouragagahio), il revient que l'origine du riz en Côte d'Ivoire remonte aux habitants de cette localité. Les oiseaux appelés en langue locale *côtôcôli (*de l'espèce du pic épeiche tropical certainement) se posaient régulièrement sur un arbre dans la prairie d'un paysan et y faisaient tomber régulièrement leurs excréments. L'homme ayant remarqué l'aspect particulièrement attrayant des plants qui poussaient des excréments de l'oiseau eut à cœur d'entretenir ces herbes vertes. A la longue il se rendit compte que ces herbes produisaient des grains intéressants à la vue. C'est ainsi que de fil en aiguille ils découvrirent le riz plus tard qu'ils appelèrent *sekah* en souvenir du cri de l'oiseau des excréments duquel provenaient les herbes. Ils en firent donc des plantations et la culture du riz devint une pratique courante. Puisque cette culture était répandue à présent, les paysans (je ne peux vous situer de quelle génération ils faisaient partie) étaient confrontés au défi de la protection de leur domaines rizicoles qui faisaient l'objet de ravages de la part des animaux tels les oiseaux de toutes espèces et autres agoutis. Il fallait aussi trouver des mécanismes de conservation de cette céréale. Aussi avaient-ils eu l'ingéniosité de construire des greniers qui leur permirent de préserver leurs récoltes au fil des saisons. Mais une histoire tout aussi rocambolesque va naitre de l'un de ces greniers dans lesquels des femmes se rendirent pour récupérer des bottes de riz en vue de les décortiquer pour la cuisson. Un agouti semble-t-il était blotti dans les bottes de riz. Ce qui amena les femmes à crier aux hommes afin que ceux-ci viennent tuer l'animal qui leur servirait plus tard de protéines. L'histoire raconte que le rongeur a émis des gestes humains et s'est mis à supplier les hommes de l'épargner sous prétexte qu'il serait le dieu de ces derniers. Les villageois obtempérèrent et crurent aux ''allégations'' de l'animal face à de faits aussi hallucinants. Ainsi ils prirent l'agouti et allèrent l'abriter dans le creux des racines géantes d'un arbre appelé *djedjé* (iroko). Ils sacralisèrent par la même occasion à la fois l'arbre et l'animal. Dès l'instant où l'agouti qui était leur dieu habitait cet arbre, l'habitat devint lui aussi sacré. C'est ainsi que l'arbre *djedjé* est devenu un arbre sacré dans notre région. Et dans le village l'agouti a été un totem jusqu'à ce jour.

Bien aimés, une fois encore, même si ces histoires paraissent relever de l'imaginaire, rendez-vous compte que ce sont des légendes, des histoires dans lesquelles mon ascendance a placé foi et espérance. Les principaux protagonistes de ces légendes d'ailleurs n'ont-ils pas été déifiés par chacune de ma parenté ? La gazelle (un totem) chez ma famille paternelle et l'agouti et l'iroko (un totem et un autel diaboliques) du côté de la famille maternelle à mon père. Je ne fais point mention pour l'instant des pratiques et rituels qui accompagnent l'adoration de ces totems. Mais, imaginez un peu dans combien de liens je peux me retrouver du coup ne serait-ce que de ces deux seuls côtés de ma famille. Ces liens issus de ces différentes pratiques ancestrales.

En fait pour nous qui avons pris conscience des pratiques des régions remplies de tant de totems et d'interdits et dont nous sommes originaires, il est important de garder à l'esprit que ces interdits ne sont rien d'autre que des autels ou des liens qui influencent la vie des croyants que nous sommes devenus. L'on peut être chrétien et vivre des difficultés inhérentes à certaines des pratiques de nos ascendants. C'est ce que la Bible révèle par ces propos en **Jérémie 31** :

29. En ces jours-là, on ne dira plus: Les pères ont mangé des raisins verts, Et les dents des enfants en ont été agacées.

Parlant de l'histoire du grand père, étions nous, nous autres, présents lorsque les faits se déroulaient ? Cependant de cette femme gazelle sont nés des enfants, qui à leur tour ont également eu des enfants. La lignée trainera ces vieilles casseroles jusqu'à ce que la grâce de Dieu se manifeste pour la délivrance de chaque enfant qui l'acceptera comme Seigneur et Sauveur personnel.

Une fois pendant qu'une servante de Dieu priait pour ma sœur cadette Pascaline, elle lui révéla qu'elle voyait sur sa vie une gazelle. Comme quoi ma petite sœur sautillait pareillement à cet animal. Ceci était pour dire qu'il lui manquait en réalité la stabilité dans sa vie. Ma sœur rapporta ces paroles à notre père qui entra dans une colère indescriptible. Pourquoi selon lui, cette femme pouvait révéler un aussi lourd passé et l'imputer à sa fille ? En réalité c'est le lien familial que la servante de Dieu avait évoqué sans s'en rendre compte.

Ce lien me tenait également puisque je suis membre de cette lignée. Si le Seigneur ne m'avait pas fait la grâce de me délivrer, je manquerais moi aussi de stabilité et serais en train d'errer çà et là. Mais gloire soit rendue à Dieu qui a eu compassion de moi pour me racheter par le sang de Jésus Christ. Qui, de plus s'est révélé à moi pour me donner la capacité d'aider d'autres personnes qui sont encore dans leurs liens de famille. Je prie aussi que Dieu fasse miséricorde à quiconque lira ce témoignage.

Mon grand-père étant devenu chef de tribu, moi en tant que son premier petit fils, étais sensé prendre le témoin relativement à l'héritage foncier et traditionnel. Lors donc de mon premier passage au village avec mon père, ma famille paternelle réunie dans son ensemble exposa cette problématique de l'héritage à mon géniteur. Et, rappelons-nous encore que le nom de mon grand-père est Drébé Djédjé Gaston. Par ricochet, mon père porte le nom Drébé. Mais suivez comment Dieu va pas empêcher que je tombe sous le joug de ce lourd héritage et s'arranger à transformer mon identité.

En effet la maladie qui me perturbait depuis ma naissance concourrait plutôt à mon propre bien selon les plans parfaits de Dieu. N'est-il pas écrit que « ... *toutes choses concourent au bien de ceux qui aiment Dieu, de ceux qui sont appelés selon son dessein.* » selon **Romains 8, 28** ?

Les projets que le Seigneur a pour nous sont parfaitement bons de toutes les façons.

Eh bien, je devais être amené à cet âge de 02 ans en pleine forêt pour une initiation coutumière conformément au droit d'héritage qui me revenait. La raison est simplement que c'est moi qui devais succéder à mon grand-père en tant que chef et donc qu'il était impératif que je sois préparé dans tous les sens du terme à assumer ce rôle. Eu égard à mon état de santé fragile et pour d'autres raisons qu'eux-mêmes ignoraient encore, mes géniteurs s'opposèrent à cette décision communautaire. Ceci souleva le courroux de toute la maison familiale contre eux. Et, malgré l'insistance du grand père à me voir subir ce rituel, son fils ne céda guère. Ce refus cinglant nous valut le reniement du géniteur de mon père. Aussi me prénommèrent-ils *Lohourignon* qui signifie littéralement *''étranger''*. Dorénavant, nous ne portions plus le même nom de famille et c'est le Seigneur qui était en train de travailler ainsi dans ma vie sans que mes parents le sachent. Dès lors étranger à leur culture et de leurs traditions, ils me rejetèrent simplement parce que Dieu me voulait sur un autre chemin.

C'est de cette façon que j'échappai aux questions d'héritage par lignée et devins Lorougnon. Mon père se conforta lui-même dans cette position et changea les documents de mon état civil. D'ailleurs, lui-même de ce fait fut également renié parce qu'il ne voulut pas prêter son enfant aux pratiques ancestrales. Mon père ne s'appelait plus Drébé mais *Lohourignon.* Malgré cette issue on ne plus compromettante, du moins au regard des hommes, les notables de la famille ne cessèrent pas de venir me réclamer à mon père, sur un ton de menace à la limite parfois. Il y eut quelques fois des échanges houleux lors de ces visites. Cette lutte entre les parents pour me voir hériter traduisait parfaitement la logique selon laquelle nos ancêtres croyaient bien faire dans leurs pratiques.

Voici pourquoi, pour une vaine gloire, dans ce même élan, mon grand-père pouvait me recommander quand je n'avais encore que trois ans de coucher avec ma propre sœur quand j'aurais atteint au moins les huit ans ; afin de consolider mes liens familiaux. Ceci est une réalité qui a subsisté dans la famille. C'est l'un des rituels qu'a exécuté toute mon ascendance à commencer par mon père jusqu'à mes aïeuls. Nos parents espéraient ainsi procurer du bien à leurs progénitures, leur assurant protection et bonheur. Ils croient trouver Dieu et sa couverture dans des choses inanimées, les choses vaines de ce monde. Ces puissances faillibles qui ne peuvent aucunement être comparées à la puissance du Dieu créateur de toutes choses.

En définitive, mon père souffrit énormément de cette situation. Sa vie ne fut guère paisible à cause de son refus de me prêter à ses parents. Lui qui était fils de chef et sensé jouir de toutes les ressources dont disposait son père. Il dût mener une vie de limitation, de combats et d'oppositions à cette époque ; bien entendu sa femme avec lui.

Avant mes deux ans voici l'atmosphère dans laquelle je vécus, en dehors de mon état de santé préoccupant qui ternissait fortement la joie de l'enfantement de mes parents. Mais grâce au Seigneur cette amie de ma mère lui vint en aide en l'invitant à l'église. C'est là que je reçus la guérison et la délivrance jusqu'à ce que l'homme de Dieu me recueille auprès de lui pendant quatre ans.

En somme, pour résumer l'épisode sur cette époque de ma petite enfance, il convient de retenir que je suis né à Abidjan. Six jours après ma naissance je tombai gravement malade. Mes parents se mirent donc à rechercher une solution à ma santé en frappant aux portes des charlatans et féticheurs de leur entourage. Ils finirent par aménager à Bouaflé où mon père croyait bénéficier du minimum vital. Malheureusement les circonstances ne s'améliorèrent pas jusqu'à ce que ma mère m'emmène à l'église. Après ma guérison et à l'âge de deux ans, papa crut bon d'aller me présenter à sa famille en tant que premier petit fils de mon grand-père. Ce dernier ayant trouvé en moi la personne idéale qui assumerait la relève de la chefferie proposa de me soumettre à un rituel en pleine forêt. Mon état maladif refit surface, ce qui motiva mes parents à opposer leur refus à la communauté familiale et à quitter précipitamment le village pour regagner la ville de Bouaflé où ils me confièrent à l'homme de Dieu.

==

Ma mère me prit donc de chez l'homme de Dieu pour me ramener à la maison familiale d'où je devais aller à l'école. C'était à l'EPP Télé 2 située entre le quartier Agbanou et le quartier Commerce comme indiqué précédemment. Nous sommes alors en 1986. Mes débuts à l'école primaire furent prometteurs car en réalité j'affichais déjà à cette époque des signes d'un leader intelligent. J'ai occupé régulièrement le rang de premier en classes de CP1, CP2 et même CE1. Il y a également le fait que j'ai commencé tôt à me démarquer des autres enfants. Pour des raisons que moi-même je devais ignorer, ou peut-être simplement à cause de l'admiration que j'avais de ces personnes, je me proclamais magicien à l'école primaire. Il m'arrivait de dire à mes amis que je pouvais leur faire gagner de l'argent ou révéler des aspects cachés de leur vie individuelle. J'avais pour la circonstance un outil de travail qui n'était rien d'autre qu'un morceau de miroir. Astucieusement je demandais par exemple à mes camarades d'écrire secrètement des mots ou lettres auxquels ils pensaient. Une fois qu'ils pensaient cacher ces écritures sécrètes sur le banc ou en quelque lieu que ce soit, ma ruse consistait à me débrouiller en sorte de capter ce qu'ils avaient écrit à travers mon petit miroir.

Venait alors le temps de la révélation où je leur indiquais textuellement les lettres qu'ils avaient mentionnées sur leur ardoise ou bout de papier.

Mes tours imaginaires de magie ont pris fin un jour lorsqu'en les pratiquant sur la fille d'une enseignante ma camarade élève est allée me dénoncer auprès de sa maman. Celle-ci m'a copieusement corrigée au point où je fus l'objet de beaucoup de railleries de la part de mes amis voire de la classe tout entière. En général c'est lors des récréations ou en l'absence des enseignants que j'émergeais en animateur prestidigitateur de ma classe. Mais depuis ce jour je rangeai cet aspect de ma vie. J'avais néanmoins gardé ma fougue infantile. En réalité je n'admettais pas qu'un seul de mes amis me supplante en bagarre. J'étais donc obligé de me montrer constamment comme une personne capable de se défendre, mieux d'une personne invincible.

A la maison, mon père me révéla disposer d'une épée qu'il avait soigneusement cachée dans sa chambre à coucher. Il me faisait savoir que cette épée avait des pouvoirs mystiques qui conféraient la puissance à quiconque la touchait. Il n'en fallait pas plus pour moi qui avais des dispositions de curiosité avancée. En plus mon désir de ces choses et l'affection que j'accordais à cet âge-là aux forces surnaturelles ne pouvaient que me pousser à rechercher à l'insu de mon géniteur son précieux outil. Après quelques recherches je découvris cette arme blanche qui en réalité ne présentait aucun signe extraordinaire. Cependant ma conviction était toute scellée que cette épée renforcerait ma force physique afin que je sois toujours le plus fort au milieu de mes camarades. Je dis donc à cette épée de m'accorder la force afin de battre l'un de mes camarades d'école qui avait la réputation d'être tout aussi belliqueux que moi. Après « cette audience » avec l'épée de mon père je fus donc plus que jamais revigoré et convaincu que je parviendrais à relever le défi de la bagarre avec cet élève. Une fois à l'école, je donnai le rendez-vous à tous et au principal concerné, qu'après les classes nous devrions nous retrouver pour le duel. Je réussis à battre le camarade à la suite de cette bagarre. Ce qui ne fit qu'accroître ma notoriété et la crainte que les autres avaient déjà de moi. Pour moi cette victoire était imputable à l'arme de mon père. Or, en réalité l'épée n'avait rien à avoir avec cet « exploit ».

Je voudrais juste dire à une personne que très souvent tel nous pensons tel nous pouvons. Mon père pour une grande part a été pour moi le catalyseur de cette aspiration à la force à la fois physique et mystique. Et toutes les histoires qu'il me racontait dans ce sens étaient toujours les bienvenues. J'en profitais constamment pour expérimenter la chose telle qu'il l'avait dite. En dehors du secret de l'épée, mon père m'avait aussi dit que se rapprocher ou côtoyer un gorille par exemple acquérait de la force à la personne qui développait cette proximité avec l'animal.

Toutes ces choses me confortaient davantage dans ma quête de la force. C'est ce que je recherchais le plus d'ailleurs car pour moi c'était ce dont j'avais le plus besoin afin de frapper et dominer mes camarades de classe.

C'est le lieu de rappeler aux parents que nous sommes, en vérité, nous représentons la première vitrine de nos enfants sur l'univers qu'ils intègrent dès leur naissance. Nous sommes leur premier modèle social, c'est pourquoi il est plus que capital de nous exercer à leur montrer les bons exemples dès leur plus bas âge. Ils ne trouveront de l'intérêt que dans ce à quoi nous accordons le plus d'importance, dans ce à quoi nous les habituons.

Fort de ce palmarès infantile, je vais vivre à l'âge de huit ans l'expérience qui est l'objet de ce récit.

Etant au CE1, j'avais un ami inséparable du nom de N'Goran Innocent. Son père était un agent de l'ANADER (Agence Nationale d'Appui au Développement Rural) aussi connu de mon père. A la descente des classes nous allâmes, en compagnie d'autres camarades, nettoyer les alentours du site où mon père faisait son petit commerce dans un kiosque à café à *Tibo* Gare. Alors que nous étions en pleine activité de nettoyage, il survint une bagarre entre nous. Et, mon ami Innocent avec qui j'étais aux prises se saisissant d'une daba me frappa mortellement sur le crâne. Il en jaillit du sang qui ne manqua pas d'effrayer mes compagnons. Ils prirent peur et se dispersèrent dans cette panique chacun en direction de son domicile. Moi, j'avais horriblement mal et fus tout aussi apeuré par le sang qui ne cessait de couler bientôt sur mon visage. Les grandes personnes qui étaient aux alentours vinrent précipitamment m'apporter du secours. Ils alertèrent aussi mes parents. Ma mère accourut le plus rapidement possible puis appliqua du sel sur la blessure pour ralentir l'hémorragie.

Après que mes géniteurs eurent identifié avec mon aide l'auteur de cette agression, ils décidèrent d'aller en aviser les parents de celui-ci. En réalité la blessure occasionnée par leur enfant sur ma tête était si sérieuse qu'elle nécessitait une plainte à la police. Aussi je partis accompagné de mes parents chez le jeune Innocent rencontrer ses parents.

C'est là que tout se joua. En réalité je n'avais pas eu le temps de riposter au coup d'Innocent et l'envie ne m'en manquait pas non plus. Seulement si les parents avaient décidé de régler l'affaire entre adultes, je m'en trouverais peut être mieux. Cependant une fois au domicile des N'Goran, je vais être une fois de plus déçu par l'allure que prenait cette affaire en plus du fait que je n'avais pas eu l'occasion de riposter. Mon père dans un calme peu ordinaire salua de manière polie la famille avant d'introduire l'objet de notre visite. Dès qu'il présenta la blessure sur ma tête comme ayant été causée par le petit Innocent, il fut automatiquement rudoyé par le père N'Goran.

Ce dernier se mit tout de suite sur la défensive et proféra des paroles injurieuses et humiliantes à l'endroit de mon papa.

Et dire que je m'attendais à une conciliation, et dire que j'étais prêt à accepter que cette affaire se termine une fois que les parents d'Innocent et les miens se seraient compris… En lieu et place d'excuses ou de paroles ne serait-ce qu'apaisantes du camp adverse, nous étions là mes parents et moi en train d'encaisser les invectives du sieur N'Goran. Un peu comme si ce dernier encourageait son enfant dans sa bêtise. Peu s'en fallut pour que les parents N'Goran à la limite en décousent avec les Lohourignon.

C'est la goutte d'eau qu'il ne fallait pas ajouter au vase de colère qui ruminait déjà en moi. Cependant je contins sur le champ cette hargne de la vengeance par devoir de respect à mes parents qui venaient d'être humiliés de la sorte à cause de moi. Depuis ce jour je gardai dent contre cette famille ; et ce fut une haine indescriptible qui me rongea pendant une longue période de mon enfance.

Dès lors je me mis à chercher le moyen idéal pour me venger des N'Goran et d'Innocent en particulier. L'apercevoir passer simplement pouvait susciter en moi les scénarios de crimes les plus cruels qui soient. Devais je utiliser un couteau, une grosse pierre ou quelque autre arme blanche pour le tuer ? Toujours est-il que j'avais résolu d'en finir avec lui un jour ou l'autre. Il devait payer vaille que vaille ce qu'il m'avait fait et qui par ricochet avait entraîné mes parents dans cet incident.

Quelques mois après l'incident, en bons adultes, nos parents respectifs avaient passé l'éponge sur l'affaire et s'étaient remis à échanger comme auparavant.

Cependant moi j'étais loin d'avoir digéré cette blessure à la fois physique et morale au point où quand monsieur N'Goran arrivait en visite chez nous, je ne manquais pas d'afficher mon aversion à son encontre. Mes propres parents m'avaient beau conseillé de laisser tomber de même qu'ils y étaient parvenus ; malgré que nous avions raison, je ne leur donnai point ce privilège. Ma haine envers Innocent allait grandissante au point que quiconque parmi mon cercle de camarades sympathisait avec lui devenait de facto un ennemi personnel.

Pour un enfant de huit ans, ceci devint un véritable poids qu'il m'arrivait paradoxalement de porter avec la plus grande aisance. Etait-ce l'œuvre des démons ou de mon propre cœur ? Je ne pouvais en dire plus car c'est une réalité dont je n'avais guère connaissance. Ce que je sais et que j'avais en tête c'est que je devais absolument faire payer à Innocent cette blessure qu'il m'avait causée. Je cherchais dorénavant le meilleur moyen d'y parvenir. Ce qui accentua en moi la méfiance et une certaine sournoiserie dans ma relation avec mon environnement social. Car, je ne voulais surtout pas que l'on sache mes plans. J'étais obstiné dans cette voie et personne ne pouvait m'en détourner.

C'est dans cette ambiance que mes parents décidèrent d'aménager dans le quartier *Agbanou Extension* de Bouaflé non loin du secteur de l'école Télé que je fréquentais. Le secteur est appelé maintenant *Equinoxe*. Innocent et ses parents eux étaient restés dans le même quartier quand les miens et moi en partions.

Un après-midi de mercredi de cette même année-là, alors que nous sortions des cours de renforcement, j'émis auprès de mes camarades l'idée d'aller à la natation. Nous avions l'option entre le fleuve *Bandama* et la rivière *flacôh* à quelques encablures de la ville de Bouaflé. Notre choix fut porté sur la rivière étant donné que l'environnement aux abords du *Bandama* offrait moins de sécurité pour les enfants que nous étions. Nous formions un groupe de cinq écoliers. Une fois sur les lieux nous n'eûmes pas vraiment l'occasion d'assouvir notre envie de la natation. En effet des parents y avaient apporté un cadavre pour son dernier bain. Ce qui nous effraya et découragea à la fois. Nous revînmes donc précipitamment vers la ville.

Pendant que nous rentrions donc à la maison nous aperçûmes un attroupement de personnes de tous âges au niveau du carrefour de l'école primaire publique Deita, un établissement public. Mes compagnons et moi pensâmes tout de suite que c'était un accident qui était à la base de ce rassemblement pour le moins inhabituel. Nous nous rapprochâmes pour en savoir davantage.

Là, au milieu de la foule se trouvait en pleine démonstration de magie noire, un homme avec toutes sortes de gris-gris. C'était apparemment un sexagénaire d'origine béninoise. Nous arrivâmes pile au moment où ce monsieur faisait la plus merveilleuse des choses qui soit pour moi : la prestidigitation. Il lui arriva de démontrer une facette de son savoir-faire en introduisant des feuilles de manguier dans un canari. Lesquelles feuilles se transformaient en billets de banque quand il les retirait frénétiquement du canari. Il jetait ensuite ces billets en coupures de 500 francs, 1000 francs et 2500 francs CFA sur la foule. Ce qui provoquait à la fois des bousculades et cris d'agitation au sein de ses adeptes du moment. J'étais tout simplement émerveillé !

Comment un homme pouvait-il avoir un tel pouvoir ? Comment s'y prenait-il ? D'où tirait-il cette facilité à produire de l'argent ?

Cependant ce n'était vraiment pas ce qui pouvait m'intéresser le plus dans les pouvoirs surnaturels de ce monsieur. Mon père pourvoyait tant bien que mal à mes petits besoins scolaires, aussi l'argent ne m'attirait pas forcement. Toutefois, je n'étais pas encore au bout de mes surprises.

Pendant que je me posais la question de savoir si ce monsieur avait aussi des pouvoirs meurtriers, et comme si ce dernier savait exactement l'objet de mes pensées, il vira à un autre chapitre de sa démonstration. C'est alors qu'il prit un poulet qu'il déposa sous une table de fortune là au milieu de cette foule curieuse. Il fit étendre ensuite son acolyte, un frêle adolescent sur la table en dessous de laquelle se trouvait la bestiole. Puis il recouvrit le jeune d'un morceau de pagne et commença à faire des incantations assorties de pas de danse saccadés. Au bout de quelques minutes, il saisit spontanément un couteau bien tranchant à son apparence au reflet de la lumière sur la lame, le leva brusquement et piqua avec force le ventre du jeune homme en dessous du pagne. Toute la foule cria d'effroi au même instant. Certains se détournèrent de la scène, ne pouvant pas supporter le choc émotionnel que pouvait provoquer le sang auquel tout le monde s'attendait en ce moment précis.

Mais au grand étonnement de tous, lorsque l'acolyte du féticheur reçut le coup de poignard dans le ventre, c'est le poulet en dessous de lui qui se mit à crier et gesticuler, comme ayant encaissé le coup de couteau. Il était effectivement atteint et voletait en soubresauts. Son sang giclait bientôt sur le sol. La vraie victime qui vraisemblablement avait été piquée sortit indemne pendant que le poulet en dessous de la table était mort. Il n'y avait rien de plus convainquant qui puisse me conforter dans mon élan de vengeance. Assurément je venais de rencontrer celui qui avait la possibilité de m'aider à rendre à Innocent la monnaie de sa pièce. Sur le champ je me dis que je pouvais être à la place du cobaye et demander au maître vodou de substituer le poulet par Innocent. Ainsi quand le féticheur me piquerait c'est mon camarade qui recevrait le coup. Mais je ne connaissais pas ce monsieur et les choses n'étaient pas aussi simples pour le moment.

Pour parachever sa démonstration du jour le vieil homme choisit deux autres « volontaires anonymes » dans la foule qu'il plaça dans un angle de sa scène. Il les revêtit d'habits qu'il sortit de son arsenal et s'arma d'un fusil de chasse ; une vieille carabine de calibre 12. Puis, il se mit à tirer sur ces personnes. Tout ce que l'on constatait était juste que ces personnes sautillaient et semblaient ne rien ressentir des coups de feu dont ils étaient criblés. Cette scène arracha un dernier tonnerre d'applaudissements aux spectateurs.

Enfin, pour boucler son spectacle et dans une approche de recrutement d'adeptes, il indiqua son quartier d'habitation à l'endroit de tous ceux qui voudraient le solliciter pour des consultations individuelles. Ceci m'intéressait plus que jamais, aussi me disposai-je attentivement pour retenir ces précieuses indications. Je voilai à peine mon projet d'aller rencontrer ce monsieur et m'empressai de rentrer à la maison. Une fois chez nous, je pénétrai furtivement par la fenêtre la chambre de mes parents d'où je soutirai un billet de 2500 francs CFA à mon père. Une fois la somme volée en main je me mis sans plus tarder en route pour consulter ce maitre vodou qui venait de me conquérir. J'étais encore plus déterminé d'autant plus que je commençais à voir le bout du tunnel dans ma quête de vengeance.

Je me rendis donc chez le béninois que je trouvai en pleine activité fétichiste. Une fois sur le seuil de sa porte, j'entendis mon nom être épelé de l'intérieur de la maison du maitre vodou.

D'où me connaissait-il ? Je n'en savais rien ; mais ceci est sans doute la preuve que Satan nous identifie quand il cherche à nous recruter pour son camp. Il voit l'étoile de destinée qui est sur la vie de chacun comme ces rois mages qui avaient aperçu l'étoile du Seigneur Jésus à sa naissance.

C'est pourquoi bien aimés, notez que, les paroles de connaissance ou prophéties faites par les hommes de Dieu du genre à révéler, les activités professionnelles, numéros de téléphones, les ascendance, les plaques d'immatriculation de véhicules ou numéros de compte bancaire ou diverses autres informations inhérentes aux fidèles n'effraient guère le diable. Ceci ne doit pas non plus intimider le croyant. Satan aussi opère également ces miracles à travers ses agents que sont les charlatans, marabouts, féticheurs, etc. Souvenez-vous des magiciens au service de Pharaon que ce dernier sollicita afin de contrer le prophète Moïse dans sa démonstration de puissance en vue de convaincre le roi égyptien de libérer Israël. Si par contre Satan est doté d'une puissance, Jésus Christ est le détenteur de la puissance suprême.

Pour ma part le plus bon et grand miracle qui puisse exister à ce jour est celui qui consiste en la conversion à Christ d'un païen, d'un sorcier. Aujourd'hui je suis reconnaissant à Dieu de ce que la plus part de mes enfants spirituels sont issus des rangs des satanistes, des brigands, des personnes droguées et autres malfaiteurs. Ils sont quasiment tous des serviteurs du vrai Dieu et c'est la plus grande satisfaction que je puisse témoigner au Seigneur de la vie.

Par ailleurs, je n'ai pas pour objectif de faire l'apologie du diable à travers ce récit.

Pour moi et pour chacun de nous, c'est la finalité de la victoire de Jésus Christ sur les ténèbres qui importe. Des deux d'ailleurs, (Satan et Jésus Christ), l'un est copieur et l'autre la source, l'un est dans la servitude et l'autre Maître de toutes choses, l'un est appelé à la condamnation éternelle et l'autre à la gloire au siècle des siècles. Amen !

Le vieux béninois épelant mon nom comme si je me retrouvais en salle de classe m'invita à entrer dans sa demeure en m'ordonnant de me déchausser bien avant. Il me fit assoir les deux pieds entrecroisés à l'instar des moines en méditation. J'étais tout aussi émerveillé qu'apeuré. Je voulus tout de suite prendre la parole pour annoncer l'objet de ma visite afin d'en finir le plutôt. Il m'interrompit brusquement en me rassurant qu'il savait déjà le but de ma visite :

- Je sais pourquoi tu es là. N'est-ce pas que tu es venu parce que tu veux te venger ?
- Oui papa, répondis-je timidement mais avec un grand réconfort intérieur.

Une fois encore sachons le, Satan donne aussi des révélations mais pas pour notre bien. S'il le fait c'est pour mener à la destruction ceux qu'il détourne à sa guise. Il ne le fera jamais pour sauver.

Bien aimé j'ai été élevé à une période de mon enfance par un pasteur. J'ai vécu mes premières années d'existence sous le toit d'un homme de Dieu mais cela était loin de me conférer le statut de chrétien. Je n'étais pas converti. La chrétienté provient de notre seul abandon entre les mains de Jésus Christ, de la décision individuelle qu'un homme prend de donner sa vie à Christ. Certes il y avait cette révélation me concernant qui était en berne et selon laquelle j'étais celui qui allait apporter le changement positif dans la vie de ma famille. Mais je pouvais par mes décisions et actions faire changer de trajectoire à cette prophétie. Je pouvais la faire échouer en n'acceptant pas de donner ma vie à Dieu.

- Tu veux vraiment te venger ? insista le charlatan. Je répondis avec fermeté par l'affirmatif. Ce qui lui fit esquisser un sourire narquois. « Ah mais moi je peux t'aider à le faire » me rassura-t-il malicieusement. J'étais très heureux et émerveillé à présent.

Mon « bienfaiteur » ne chercha pas à savoir celui qui était la cible de cette vengeance. Il ne fit même pas mention de qui pouvaient être mes parents. A cet âge, une personne sensée, me dis-je plus tard ; se devait d'aviser les parents du mineur que j'étais avant de faire quoique ce soit. Il est vrai qu'il servait un maître qui n'a que faire de ces détails. Ce qui importe pour le diable c'est détruire. **Jean 10 :**

10. Le voleur (diable) ne vient que pour dérober, égorger et détruire; moi (Jésus Christ), je suis venu afin que les brebis aient la vie, et qu'elles soient dans l'abondance.

Pis, pour totalement gagner ma confiance, il me proposa un tour de magie supplémentaire. Il fit introduire un œuf frais entier dans une bouteille cassable de *Coca Cola* de 33 cl. L'œuf était intact quand il parvint au fond de la bouteille. Il fit ressortir le même œuf comme pour prouver que c'était un petit exercice à ses yeux. Pour moi il n'avait pas besoin d'en rajouter. Aussi étais-je impatient de le voir toucher enfin du doigt à mon souci.

La compassion ne figure pas dans le lexique du diable ; comprenez-le très bien. Satan était donc en train de se préparer à ma destruction avec cette rencontre. Mais gloire soit rendue au Seigneur tout puissant qui est maître de tout temps et toutes circonstances et qui n'ignorait pas cet épisode de ma vie. Dieu avait également un plan de sauvetage pour moi et nous le comprendrons plus tard.

Le féticheur me posa une autre question de savoir si je pouvais faire ce qu'il me demanderait de faire. Je lui répondis, oui papa. Il fit cette même question pour une seconde fois, puis une troisième fois. Je restai constant et inflexible dans ma réponse sans réfléchir. Je vous l'assure, je n'étais qu'en classe de CE1 en 1988. Cependant pour la troisième fois quand l'homme me posa la question de savoir si j'étais capable de faire ce qu'il me demanderait, je commençai à me poser certaines questions intérieurement. Tel que ce monsieur est puissant à mes yeux, n'était-il pas capable de me demander de sacrifier mes parents si je voulais vaille que vaille atteindre Innocent ?

Juste en ce moment-là il me dit : non petit, ce n'est pas ce à quoi tu penses que je fais allusion. Ouf ! Pour moi si le maitre vodou avait réussi à percer mes pensées et savoir ce que j'imaginais, c'est qu'il n'était pas aussi nocif ou du moins prêt à me soumettre à une épreuve mortelle. Dieu merci me dis-je encore intérieurement. Il se mit à rire et en un instant fit sortir un gobelet en plastique qu'il me tendit. Ah ! Fis-je dans un soupir à peine étouffé. Je me dis qu'il s'agissait probablement d'un gobelet qui servirait à me faire boire beaucoup d'eau et voir jusqu'à quel point je résisterais. A la limite peut être que le vieux ferait certaines de ses incantations sur son ustensile et me le remettrait afin que j'envoûte Innocent avec. Contre toutes mes attentes il me dit : tu sais, nous allons partir ensemble, et je vais t'accompagner jusqu'au lycée. Et de là tu vas marcher seul jusqu'au cimetière de Bouaflé où tu vas dormir sur une tombe pendant trois nuits et à jeûne. Durant les jours de ces trois nuits, continua-t-il, tu iras te réfugier dans la forêt sacrée qui est à proximité du cimetière. Mais tu ne dois aucunement manifester la peur. Si tu es apeuré de quelque manière que ce soit voici ce qui t'arrivera : soit tu meurs, soit tu deviens fou.

Quand le vieux me fit entendre ces paroles, je compris à quel point j'étais dangereusement déjà trop engagé dans cette aventure. Aussi je me dis que j'étais suffisamment exposé aux yeux du féticheur pour faire volte-face ou refuser de subir cette épreuve. Ce dernier pouvait faire de moi ce qu'il voulait et quand il le souhaitait. Au pire des cas il me tuerait si jamais je réussissais à m'échapper et me résolvais à le dénoncer. Je n'avais plus d'autre choix que d'aller jusqu'au bout. Aussi je tuai toute velléité de peur en moi et fus encouragé à parvenir à mes fins.

Le féticheur me prit sur son vélo artisanal communément appelé *« baba anikongo »* (généralement à usage champêtre) et me mena jusqu'au lycée moderne de Bouaflé. Il était environs vingt heures lorsque nous arrivâmes au lycée. De là je devais marcher tout seul sur environs deux kilomètres menant du lycée au cimetière. Au vu de tout l'argumentaire que j'ai évoqué plus haut, toute peur avait quitté ma pensée. Je m'engageai donc tout seul sur le chemin en direction du cimetière. Une fois sur les lieux j'aperçus le vigile du cimetière. Celui-ci prit peur en m'apercevant. Certainement qu'il me prit pour un revenant... Imaginez un seul instant un enfant de huit ans tenant un gobelet à la main à cette heure-là dans un cimetière... Le gardien n'avait pas tort à mon avis de prendre la fuite à ma vue. Je choisis une tombe parmi les centaines qui jonchaient le terrain pour m'y installer.

Mais je vous assure bien aimés, si vous n'avez pas le cran, ne vous aventurez pas dans un tel endroit la nuit.

J'entendais des bruits bizarres foisonnant dans la broussaille des alentours et...ces ténèbres pesantes qui s'étaient abattues sur le cimetière à l'occasion de la nuit. Impossible de dormir dans une telle atmosphère. A peine je m'y essayais que j'avais l'impression que des personnes se rapprochaient de moi pour me saisir. Le chant des grillons très proches et les lointains bubulements des hiboux plantaient un décor commun à un film d'horreur. De présence humaine il n'y en avait que parce que j'avais en tête de dormir au milieu d'ossements de personnes qui avaient effectivement existé et vécu dans la même ville que moi. A vouloir fermer l'œil à peine que je sentais comme des ombres me couvrir. J'étais dans un vilain challenge. Mais je m'accrochais à mes deux motivations que sont : mon désir de vengeance et les menaces à peine voilées dans cet avertissement du maitre vodou qui m'intima l'ordre de ne point avoir peur au risque de devenir fou ou mourir.

Je ne pus résister à toute la fatigue et au trop plein d'émotions que j'avais emmagasinées le long de la journée et finis par m'endormir dans cette ambiance lugubre. Je fus réveillé à l'aube de cette première nuit funeste au cimetière par un lointain et très long hurlement comme celui d'un chien. L'épaisseur des ténèbres avait considérablement diminué. Ce qui me donna de penser que le jour était sur le point de se lever. Ayant gardé en esprit la consigne que je ne devais pas passer la journée dans le même endroit, je me levai promptement sans savoir quelle heure il faisait exactement pour me rendre dans la forêt d'à côté. Je laissai le gobelet que le féticheur m'avait remis sur la tombe (il m'avait été formellement interdit de le déplacer) et m'enfonçai dans la brousse ; encore étourdi par ce réveil brusque. Là, sous les arbres de diverses espèces reliés par des lianes, c'était un tout autre décor. Un mystérieux calme profond. Il n'en demeurait pas moins effroyable. Un hibou, le premier animal que j'aperçus à mon arrivée, comme un espion guettait mon entrée et suivit mes mouvements de près. Il le fit d'une rotation de son cou à 90° voire 180° sans bouger le reste de son corps de sa tête pendant que je me détournais de lui pour éviter son regard. Ce qui ne manqua pas d'attiser ma curiosité. Etait-ce le féticheur qui avait envoyé cet oiseau pour m'épier et suivre mes faits et gestes afin de lui en faire un rapport ? L'oiseau allait il venir me dévorer ? Allait-il s'abattre sur moi à un moment où je m'y attends le moins ? Avec la faim et la fatigue encore présentes en mon corps j'étais sujet à toutes sortes d'hallucinations. De toutes les façons ce monsieur est capable de tout me suis-je dit intérieurement. Je n'en fis pas davantage cas et me cherchai un refuge sous un gros arbre. Ici je pouvais passer plus sereinement la journée d'autant plus que le soleil commençait déjà à se pointer à l'horizon. A l'aide de mes mains, je nettoyai tant bien que mal la place et m'installai sous l'arbre en attendant le ballet des petits êtres diurnes qui viendraient me distraire et me faire passer le temps. Du moins quand je ne serais pas en train de me rattraper en sommeil. J'avoue que la nuit fut très pénible en dépit de l'assoupissement qui m'avait emporté au bout de mes frayeurs. De toutes les manières je venais de finir ma première nuit au cimetière et me disais que si j'y étais parvenu une fois c'est que je pourrais le refaire une seconde fois.

Je me contentai du repos et du petit spectacle écologique pour cette première journée d'épreuve qui me parut plutôt paisible grâce à l'ombrage du sous-bois. Puis vint la seconde nuit où je devais retourner sur ma tombe d'accueil. Le scénario fut le même que le premier jour en dépit de ma première expérience. J'avais un objectif, je m'y fixai et maintins la même fermeté que la veille.

Ainsi en a t'il été jusqu'à la troisième nuit. J'étais presqu'au bout de ma peine mais avec des séquelles considérables. J'avais très fin et j'étais terriblement affaibli par la faim, la soif et la fatigue. Les forces me manquaient au point où m'assoir même était comme un fardeau insupportable à porter. Cette troisième nuit, à partir d'une certaine heure, je fus brusquement réveillé par un effroyable cri strident émis de nulle part. Il devait être environs 03 heures du matin. Quand je me réveillai en sursaut, mon premier réflexe fut de regarder à mon gobelet. Aussi incroyable que cela puisse paraitre, celui-ci était rempli d'eau. Je me souvins spontanément que la consigne du maitre vodou était que je rompe mon jeûne de trois jours avec l'eau qui apparaîtrait dans le gobelet. Je saisis instinctivement le gobelet et bus goulument de cette eau dont j'ignorais totalement la provenance. Quelqu'un avait-il spécialement fait le déplacement jusque sur les lieux pour remplir ce gobelet ? Peu m'en importait. Je n'avais juste qu'à suivre les consignes. D'ailleurs cette eau ne venait elle pas me sortir d'affaires ? De ce long jeûne qui me tenaillait l'estomac et m'affaiblissait drastiquement?

Dès cet instant, je pris quelques forces. Il fallait maintenant que je sorte de ce funeste endroit. Je descendis donc de la tombe et me mis en marche vers la ville. A ce moment-là je sentis comme une force invisible qui me ramenait en arrière. Qu'est-ce que c'était ? Je fus véritablement éprouvé en cet instant précis. Un gamin seul dans un cimetière, à une heure indue… Alors que je pensais en avoir fini avec cette épreuve… Devais-je crier ? Pouvais-je avoir peur maintenant et commencer à courir ? Toujours est-il qu'il m'a été aussi déconseillé de regarder en arrière au moment où je devais quitter les lieux. Je sentais de terribles démangeaisons dans le dos mais je craignais même de tendre mon bras en arrière pour toucher à cette partie de mon corps ; de peur qu'un être quelconque me le bouffe d'un coup. La peur et la lourdeur ressentie sur le champ ne manquaient pas de ralentir mon avancement. Ce fut une lutte interminable qui s'engagea là entre moi et cette forme d'être imperceptible. J'imaginai le scénario d'un fantôme d'entre les morts qui tentait de me ramener sur les lieux et devins très lourd par mes pas. Je ne pouvais plus avancer sereinement et étais très effrayé. Cette « main » maintenant son emprise sur mes épaules accentuait une certaine pesanteur sur moi. Je n'en pouvais plus… Cependant j'essayai de garder le cap pour avancer vers la sortie. Cette lutte dura à peu près deux heures ; de la tombe qui m'abritait au bout du cimetière. Certainement que je deviendrais fou si par un miracle je n'étais pas parvenu à m'en sortir. Autour de 05 heures du matin, j'entendis à nouveau le même long aboiement du chien de la première nuit. C'est juste en ce moment-là que je sentis la force ténébreuse me relâcher. Une fois libéré de cette emprise, je pris mes jambes à mon coup et détalai en toute vitesse en direction de chez le féticheur. S'il y avait eu un chronomètre pour évaluer ma performance du moment, certainement que j'aurais battu un record mondial tellement que je m'y suis mis à fond... Le danger m'avait vraiment stimulé et je ne voulais pas revivre un tel cauchemar dans ce lieu. Je dépassai le gardien des lieux en trombe et aperçus encore une fois ce dernier tout effrayé en train de « *se chercher* » au milieu des tombes environnant son semblant de guérite.

J'arrivai tout droit essoufflé chez le béninois. Au moment où je mis les pieds chez lui net, je l'entendis de l'intérieur de sa maison, la porte fermée, me lancer : « tu es courageux petit ! ». Pourquoi ne dormait-il pas à cette heure-là ? Me suivait-il vraiment à la trace comme je l'avais imaginé quand j'ai aperçu le hibou dans la forêt ? Le plus logique pour moi serait qu'une fois arrivé chez lui je tape à sa porte avant qu'il m'ouvre. Mais le monsieur était éveillé à cette heure-là. Plus tard je conclus que c'était peut-être le féticheur qui avait joué le rôle du fantôme qui essayait de me retenir à la fin de mes trois jours de séjour au milieu des tombes.

En un instant, il m'ouvrit la porte et me fit assoir dans un coin de la pièce textuellement comme trois jours auparavant. « Vraiment tu es courageux », me lança-t-il à nouveau.

Alors que je me croyais au bout de mes peines, le maitre vodou m'apprit sans hésiter qu'il me restait encore une dernière épreuve à passer avant de recevoir ma potion de vengeance. Aussi ne me laissa-t-il pas rentrer chez mes parents ce même matin. Encore une fois je laissai libre cours à mon imagination et me dis intérieurement qu'il m'enverrait à nouveau au cimetière. Ce qui du reste m'était surmontable, vu la petite expérience que je venais amèrement d'acquérir dans cet endroit. Alors que je me préparais à établir mon petit plan de riposte aux circonstances du cimetière, le vieux béninois m'apprit sans détour que je devais passer sept autres nuits au bord du fleuve *Bandama*. Il me fallait y aller cette fois dans un jeûne à eau. Il me défendit donc de toucher à quelque nourriture que ce soit pendant ces jours. Nous passâmes la journée dans sa maison. Puis, au coucher du soleil, il me prit encore sur sa bicyclette pour m'accompagner jusqu'à l'actuel emplacement de la brigade de gendarmerie de Bouaflé. J'étais parti pour une autre séquence de jeûne et d'épreuves surprises. Ce qui allait me faire au compteur dix jours d'affilés en jeûne. Dix jours sans manger pour un gamin de huit ans…

Aujourd'hui quand il est question de jeûne, les chrétiens ont toutes sortes d'arguments pour y échapper. Voyez combien de fois le diable arme en détermination ceux qu'il exploite en vue d'atteindre ses objectifs.

J'arrivai donc avec le vieux au niveau de la brigade de gendarmerie où il m'abandonna une fois de plus. Je marchai instinctivement jusque sous le pont du fleuve où j'établis mon quartier général. Tout autour de moi était la brousse. Cette fois je n'avais rien d'autre sous la main comme ustensile. Seulement j'avais à disposition l'eau du fleuve qui devait me servir comme ressource au cas où je ressentais la soif ou la faim. Les matins, je me permettais quelques virées pédestres dans la broussaille des alentours pour revenir le soir sous le pont.

Du premier au sixième jour, il ne se passa vraiment rien d'extraordinaire. En réalité je me sentais très faible plus que jamais et étais à la fois préoccupé et inquiet durant cette épreuve. La solitude y compris la faim des trois premiers jours m'empêchait vraiment de me concentrer sur l'environnement dans lequel je me trouvais. Je venais passer obligatoirement chaque nuit sous le pont au bord du fleuve sur recommandation du vieux féticheur. Je me disais peut être que c'était ma fin. D'une manière ou d'une autre si je renonçais à cette épreuve c'était aussi la mort assurée puisque j'avais reçu tous les avertissements de mon formateur.

Je ne fis que m'imputer à moi-même cet état de fait. Si j'en étais arrivé à là ce n'était la faute à personne. Cependant effrayé par le fait de mourir si précocement je pris mon courage à deux mains et m'encourageai moi-même à poursuivre cette séquence. C'est mon ardent désir d'en découdre avec Innocent qui m'avait conduit dans ce gouffre. Je n'y avais toujours pas renoncé donc j'avais encore les ressources morales nécessaires pour atteindre mon objectif. Je devais y arriver vaille que vaille.

Sachez-le, à cet âge-là un enfant est très réceptif. Il peut tout aussi retenir et garder facilement les circonstances qui le marquent. Ma détermination émanait certainement de la fraicheur du souvenir de cette blessure que m'avait infligée mon camarade d'école. Je n'étais pas en vacances mais avais sacrifié mes jours de cours au profit de cette vengeance aveugle.

Mes parents en mon absence avaient lancé un avis de recherche relatif à ma disparition. Moi j'en n'avais aucune idée. De plus quand je partais en consultation auprès du maitre vodou, je m'étais dit que ceci n'était qu'une question de quelques heures avant que je rentre chez moi.

A l'aube du septième jour aux alentours de 02 heures, alors que je me réveillais d'un léger sommeil, j'aperçus une lumière à l'horizon sur la surface du fleuve. Une forte lumière se déplaçait progressivement vers ma position.

Aujourd'hui je comprends mieux quand la bible dit de Satan qu'il se déguise en ange de lumière selon **2 Corinthiens 11** :

14. Et cela n'est pas étonnant, puisque Satan lui-même se déguise en ange de lumière.

A l'origine il s'appelait effectivement Lucifer qui veut dire « porteur de lumière ». Certes Dieu le bannit du ciel mais il ne lui ôta pas ses atouts. Satan a emporté dans sa déchéance ses attributs y compris la lumière dont il se sert parfois pour séduire, distraire ou intimider les humains.

Pendant que je regardais avec étonnement et peur cette lumière, j'aperçus un grand tourbillon s'élever à la surface de l'eau comme quand deux courants de vent s'entremêlent. Puis subitement il sortit, juste à mon niveau, de ce décor un être indescriptible d'une certaine hauteur avec une grande masse. Jamais je n'avais imaginé dans mes folies les plus infantiles apercevoir un tel être : il était grand, très grand et d'une forme colossale. C'était le comble. Cette apparition m'immobilisa net sur place. Je fus comme tétanisé, hypnotisé et figé à terre sans pouvoir m'émouvoir. Je ne savais que dire ni quoi faire. Je n'avais aucune possibilité d'ailleurs de m'échapper face à ce gaillard. Ma seule option fut de l'observer de près. Malgré la peur j'en profitai pour passer en revue chacun de ses traits caractéristiques. Du moins de ceux de ses traits qui furent perceptibles à mon regard en cet instant précis. Ma peur fut d'autant plus grande qu'à un moment donné mon effroyable et bizarre visiteur se pencha vers moi alors que j'étais arrêté là, désarmé au bord du fleuve. J'étais mort de peur comme jamais auparavant. Moi comparé à cet être monstrueux, c'était comme un minus face à un géant en furie. Nous nous observions mutuellement... Si je choisissais de courir pour m'échapper je n'aurais aucune chance. Ce monstre ne ferait que me saisir eu une fraction de seconde pour faire de moi ce qu'il voulait. Je n'aurais été que mon propre fossoyeur. Ce que je retiens c'est qu'il avait des yeux rouges semblables à des braises attisées. Son visage était doté d'imposantes narines d'où il soufflait une forte respiration égale à celle d'un buffle. Ce nez-là était large et marqué par un piercing qui portait une boucle d'oreille. Il respirait fortement par intermittence comme s'il était essoufflé. Il portait des cornes pliées de taureau sur la tête, ce qui faisait ressembler son visage aplati à celui d'un bœuf. Cependant ses oreilles étaient toutes petites comme celles d'un hippopotame. Et je voyais ses cheveux d'une couleur jaunâtre descendre de sa tête entre ses deux cornes jusque dans le dos et prolongés sur le reste de son être dans l'eau. J'en ressens encore des frissons à le décrire et revois cette image comme si c'était hier. Et pendant que je continuais de l'observer j'aperçus également plusieurs piercings ornés de minuscules boucles le long de ses deux petites oreilles...

Son buste doté de deux mamelles était celui d'une femme, avec deux minuscules bras. Ses mains quant à elles comportaient trois doigts chacune. Son torse était nu et laissait transparaître de la poitrine vers le bas une forme de serpent. Je remarquai aussi des cauris multicolores (à l'image des couleurs jamaïcaines ou des adeptes du reggae : rouge, jaune, vert) qui lui servaient de parures sur sa tête cornue. Sa partie inférieure immergée dans l'eau ne transparaissait pas.

Je prenais bizarrement à présent un curieux plaisir à bien l'observer. Nous étions face à face sans aucune issue de secours pour moi. Les premières paroles qui sortirent de la bouche de cet être furent : tu es courageux ! J'avais distinctement saisi ces paroles. Oh là là ! Un monstre aussi troublant qui me lançait un tel compliment, en ce moment précis où je ne savais à quel endroit je me trouvais... Je me confortai du coup dans une position qui est que mon visiteur n'était pas là dans de mauvaises intentions. Il était peut être venu répondre favorablement à ma quête de pouvoir et de puissance.

C'est alors qu'il me révéla d'une voix caverneuse qu'il était le *dieu de Bouaflé*. En clair, moi, Lohourignon Didier Franck à l'âge de huit ans, venais de faire en réalité la rencontre de l'homme fort spirituel de Bouaflé. C'est cet esprit qui dominait la région. Aussi allait-il me faire en cette courte rencontre, l'historique de la région.

Il me raconta l'histoire de la création de la ville ; en l'occurrence, celle des trois peuples qui occupent actuellement ce territoire de la terre éburnéenne ; à savoir les « *Yôwlê* », les « *Ayaou* » et les « *Gouro* ».

C'est en général aux *Gouros* que l'on attribue couramment l'appartenance historico culturelle de la ville. Mais pour ce que j'ai appris de cet étrange visiteur, il ressort que Bouaflé appartient originellement au peuple Yowlê qui était peu nombreux sur le territoire au départ.

Je vous partage en résumé son explication.

Il est survenu un conflit entre les peuples Senoufo et Gouro, jadis voisins. Ces deux peuples étaient situés un peu plus au nord de la Côte d'Ivoire. Les Senoufos réussirent à chasser les Gouros qui se replièrent vers le sud en direction de Bouaflé et particulièrement vers le fleuve Bandama. Ils parvinrent au niveau du fleuve et y furent confrontés à cet obstacle naturel dans leur progression. Coincés entre le cours d'eau et leurs ennemies qui étaient à leurs trousses, ils se mirent à supplier les divinités de cette eau. Dans cette posture, ils firent un vœu aux esprits des eaux. Vœu selon lequel si ces divinités les faisaient échapper à leurs ennemies, ils consacreraient toute leur vie à adorer les dieux de ce fleuve. Ils présentèrent alors en guise de sacrifice pour la circonstance, un mouton. Après cet acte sacrificiel, les génies leur permirent de traverser facilement le fleuve à travers une brèche qui se fit au milieu de l'eau. En vertu donc du vœu qu'ils firent aux esprits des eaux, les Gouros ne s'éloignèrent pas des rives du Bandama. Ils s'installèrent aux abords du fleuve après l'avoir traversé pour deux raisons essentielles : ne pas faillir à leur engagement envers les esprits ; et, profiter des terres verdoyantes des alentours du fleuve pour leurs cultures agricoles.

Un groupe de Yowlê qui était arrivé dans le même temps à la pêche s'aperçut de la présence de ce peuple étranger. Tout effrayés ils s'en retournèrent pour en faire le point au reste du peuple Yowlê. Une rencontre fut initiée sans plus tarder entre les deux peuples. Et, grâce aux quelques accointances que ces deux peuples découvrirent dans leur parler respectif, un consensus ne tarda pas à être trouvé. Les Gouros profitèrent de cette brèche pour négocier leur établissement définitif sur le territoire auprès des Yowlê alors propriétaires terriens à cette époque. Ceci leur fut accordé sans résistance de la part de leurs hôtes. Le territoire qui leur fut accordé s'étendait de l'actuel quartier camp garde jusqu'au fleuve Bandama dans la direction de la ville de Daloa. En reconnaissance, les Gouros entreprirent d'offrir un mouton à leurs bienfaiteurs tout comme ils le firent pour les génies du fleuve Bandama. Ce fut le début d'une cohabitation pacifique entre les deux peuples. Ce climat de paix sociale les amena même à contracter des mariages entre eux. Aussi les Gouro prirent pour femmes des Yowlê et vice-versa.

Il arriva néanmoins en dépit de cette paix, des mésententes entre ces deux peuples voisins. La cause en était que les Yowlê qui étaient en minorité malgré leur statut d'autochtones, se rendirent vite compte de la rapide croissance numérique de leurs voisins. Ils perçurent dans ce constat une menace car ils craignaient une domination de ceux à qui ils avaient généreusement prêté leurs terres. Ce soupçon provoqua donc un conflit entre eux et les Gouro. Les deux peuples s'imposèrent alors une stricte délimitation territoriale. N'empêche que désormais il existait des descendants métis issus des deux peuples. Et les deux peuples en arrivèrent à la conclusion qu'une guerre fratricide n'arrangerait pas cette classe sociale.

C'est dans cette atmosphère qu'un groupe de migrants Baoulé (du peuple Akan) appelés Ayaou en provenance de Bouaké arriva lui aussi sur le territoire des Yowlê. Les nouveaux venus étaient en quête de terres fertiles cultivables. Les Yowlê, quand même méfiants à cause de leur première expérience avec les Gouro, consentirent tout de même à concéder quelques parcelles aux nouveaux venus. Cette autre cohabitation fit voir le jour aussi à des unions conjugales entre les peuples Yowlê et Ayaou.

Leur entente se consolida bien plus au point qu'ils complotèrent à présent contre leur ancien voisin, les Gouros.

Les Ayaou crurent aussi beaucoup plus numériquement que les Yowlê, leurs hôtes. En ce moment-là les Ayaou ne possédaient pas à proprement parler de terres à eux sur le territoire. Mais vu leur nombre sans cesse croissant, les Yowlê leur attribuèrent un territoire dédié qui se situait à la périphérie de *Djakouahou* dans la direction de la ville de Sinfra. Cette délocalisation fut néanmoins mal perçue par les Ayaou. Ces derniers renièrent par conséquent les enfants qu'ils eurent avec les femmes Yowlê. Ce, de peur que lorsqu'il surviendrait un conflit entre eux et les Yowlê, ces descendants ne s'allient à leurs adversaires pour les exterminer.

Les Yowlê de leur côté aussi furent animés d'une certaine méfiance vis-à-vis de ces « enfants métis *Yowle-Ayaou.* » Cette crainte se justifiait par une appréhension des Yowlê qui se disaient à leur niveau que ces mêmes enfants pourraient en cas de conflit prendre cause pour les Ayaou afin de leur causer du tort. Cette descendance se constitua par conséquent en un petit peuple à part entière qui s'installa dans le village de *Benou*. Rejetés de part et d'autre, ils s'attribuèrent eux-mêmes l'identité Yowlê. Cependant ils ont été communément appelés du nom de Yowle-Benou.

Pour récapituler, selon que le dieu de Bouaflé m'apprit, l'occupation territoriale de Bouaflé par ces différents peuples se présentait comme suit :

Les Yowlê étaient adossés à la montagne *Perita* à l'est de Bouaflé. Les Gouro pour leur part étaient cantonnés au centre du territoire jusqu'à *Kôblata* pendant que les ayaou logeaient dans la partie ouest de Bouaflé, c'est-à-dire dans la localité de *Djakouahou sud.*

Le même dieu de Bouaflé m'apprit que lorsque le président Houphouët Boigny arriva alors dans la région, il se mit à rechercher les autochtones en vue de parler du développement de leur territoire. Il s'agissait entre autres projets, du tracer et de la réalisation de la voie qui relie Yamoussoukro et Daloa.

Les Yowlê qui voyaient en cette présence du père fondateur, une ruse pour ravir leurs progénitures en vue de les livrer aux travaux forcés, prirent la fuite pour se réfugier dans la montagne. Toutes les négociations se firent alors avec les Gouro. Ce qui consolida ce peuple sur le territoire de Bouaflé et leur donna une certaine notoriété voire leur actuelle autorité sur la région.

Quand Houphouët demanda en son temps le nom de la localité, les Gouro lui répondirent *Boua-fla*. Ce qui signifie littéralement marché de silures.

Chez les Baoulé Ayaou, la prononciation différait par contre. Dans leur ethnie à eux, ils disaient plutôt, *Boua-flé,* c'est-à-dire ''estomac de mouton''. Cette correspondance fut certes une trouvaille des Baoulé Ayaou, mais elle a été adoptée et consolidée par le vieux Boigny qui la préféra à *Boua-fla*. Lui-même étant un natif Baoulé.

Les Gouros s'étant érigés désormais en maitres des lieux s'approprièrent une grande partie du territoire voire des meilleurs emplacements de Bouaflé. C'est Houphouët dans le déploiement des projets de développement et d'urbanisation qui les délocalisa du camp garde à *Kôblata* où ils sont jusqu'à ce jour.

Après ma conversion le Seigneur compléta cette révélation en me précisant que la statue qui est à l'entrée et qui représente une femme orpailleuse (en train de tamiser de l'or) n'est en réalité qu'une incarnation de la reine des sorcières de Bouaflé.

L'implication selon que l'esprit m'expliquait en son temps était que tout homme qui entrait dans la ville devait impérativement décharger à ce niveau tout ce qu'il possède comme trésor ou bonheur. Ces trésors étaient ensuite acheminés via un tunnel spirituel jusqu'à l'actuel emplacement de la DGI. Pour ceux qui en savent un peu plus sur l'évolution de la ville, ce site abritait un cimetière. Il en reste encore à ce jour quelques tombes qui ont échappé à la destruction.

Ici se trouvait donc le laboratoire des sorciers de la localité. De là ils parvenaient vers le rondpoint à *Groupeni* où se trouvait une autre forteresse qui abritait le plus gros silure des eaux de Bouaflé. Il fut construit un tunnel à ce niveau qui débouche sur le *Bandama*. Ce sont les chinois qui ont construit ce pont récemment dans les années 94-95. Je suis contemporain de ces travaux. Le silure qui se trouvait en ce lieu était à même d'effectuer des allers retours entre là et les profondeurs du grand fleuve. Les petites eaux de *Groupeni* quoique non dangereuses avaient la particularité d'être mystiques uniquement les mercredis. Quiconque s'y aventurait ce jour de la semaine-là avait le malheur d'être emporté et noyé. De là il m'indiqua le nouveau marché de Bouaflé qui représentait la boucherie spirituelle de la ville. Le génie m'informa que c'est dans cet endroit-là que s'opéraient les découpes charnelles dans le monde des sorciers.

C'est toujours la boucherie spirituelle de la ville. Ce qui m'emmène très souvent d'ailleurs à faire moi-même le marché afin d'éviter que mes filles ou mon épouse achètent des vivres spirituellement toxiques, transformées soit « de la chair humaine » soit de la pâte d'arachide transformés spirituellement en déchets humains.

Le « *dépotoir spirituel* » toujours aux dires du dieu du Bandama se situe à l'emplacement de l'actuelle école BAD. De là l'on arrive à *Déita*, là où se situe *Flacôh,* la rivière d'où je revenais quand je fis la rencontre du vieux béninois. Le village est spirituellement localisé sous l'eau. Ce qui en fait un village sous l'emprise des esprits des eaux. Ce village n'a jamais évolué car fortement dominé par le règne de la sorcellerie et de la sirène des eaux. De *Déita*, il me révéla aussi le village de *Lopouafla* qui abrite une forêt. Ce village en réalité est bâti dans la gueule d'un serpent. La localité est également confrontée à un sérieux problème de développement avec de constantes et interminables querelles familiales. L'autre haut lieu significatif de la ville est situé au niveau de la brigade de la gendarmerie où se trouve une statue représentant une dame assise avec deux serpents : un dont elle s'est parée autour du corps et le second, trainant à ses côtés. Cette statue est communément appelée « déesse de la paix ». Cependant le *dieu du Bandama* me notifia que le site de son emplacement est le territoire de ses filles que sont les sirènes des eaux pendant que lui-même avait son palais dans les profondeurs du Bandama.

Imaginez donc tout ce parcours que subit spirituellement le bonheur que les personnes entrant par la ville déposent à son entrée. De *Kôblata*, le bonheur de la personne est ''convoyé'' à la DGI (locaux de la Direction Générale des Impôts), de la DGI, il est scanné et transmis à *Groupeni* où les hommes forts de cet endroit analysent à leur tour ce qu'ils peuvent en faire, de là il est envoyé au marché puis à *Déita* et ainsi de suite... Ainsi c'en est vite fait des personnes dotées d'une petite étoile et spirituellement faibles qui arrivent pour la première fois à Bouaflé.

Si ce n'est par la grâce de Dieu, il faut reconnaitre que la ville n'allait jamais évoluer. Grâce à la prière et aux différents programmes de réveil il faut reconnaitre que les choses sont en train de changer positivement dans la ville.

Malgré mon jeune âge je retins toutes ces confidences en un temps record avant que mon visiteur me quitte pour se replier dans les eaux. Et, avant que je parte du bord du fleuve, j'aperçus sur la surface de l'eau une feuille de papier invraisemblablement sèche où était inscrit mon nom : Lohourignon Didier Franck. Je vis aussi un petit cahier qui contenait différentes formules de magie noire pouvant conférer à son détenteur toutes sortes de forces maléfiques. Apparurent enfin deux bagues que je récupérai avant de quitter précipitamment les lieux.

Quand j'arrivai auprès du vieux maitre vodou, il me fit le même compliment à savoir que j'étais vraiment courageux.

Chapitre 2

Loubard à dix ans

Sur le chemin de la vengeance, je venais, en l'espace de dix jours, de passer deux tests des plus effroyables de ma vie de gamin. La rancune, la haine et le désir d'en découdre avec mon camarade de classe avaient fait de moi un nouveau personnage. Ainsi, de la simple turbulence infantile que je manifestais au milieu de mes amis en classe, j'étais sur le point de devenir un dangereux gangster, un intrépide agent du diable en quête permanente de violence et de sang : un loubard à huit ans. Mais tout ceci n'est pas le fruit d'un hasard.

Quoiqu'il arrive à un homme, cela a forcément une source qui peut se localiser même dans son ascendance la plus lointaine. Mais avant de poursuivre plus loin, permettez-moi de mettre en évidence cette affirmation. Dans le ministère il m'est arrivé de faire face à des cas de délivrance qui justifient ce que je viens de déclarer. La Bible évoque cet adage dans le livre du prophète **Jérémie au chapitre 31 :**

29. En ces jours-là, on ne dira plus: Les pères ont mangé des raisins verts, Et les dents des enfants en ont été agacées.
30. Mais chacun mourra pour sa propre iniquité; Tout homme qui mangera des raisins verts, Ses dents en seront agacées.

Le peuple d'Israêl avant que cet adage ne soit rendu courant, avait certainement pris l'habitude de se plaindre des péchés des ancêtres. Et cette parole venait à juste titre rectifier la perception de Dieu quant à la responsabilité de tout croyant vis-à-vis de sa marche avec le Seigneur.

En somme il est clair que les pratiques des ascendants ont eu des incidences parfois insoupçonnables sur leurs descendants. Voyez le cas de la délivrance d'une dame que le Seigneur m'a permis d'expérimenter à *N'doufoukankro*, l'un des villages de Bouaflé. Sur invitation d'un bien aimé frère dans le ministère, j'étais en plein temps de ministère quand l'esprit de Dieu me fit tomber sur cette dame. Elle tendait vers la quarantaine mais n'avait jamais connu le bonheur d'une relation conjugale et souffrait secrètement de ce statut. Le Saint Esprit me révéla à son sujet que cet état de fait était la conséquence d'un pacte que ses parents avaient signé avec les esprits des eaux en vue de son enfantement. Les parents, en résumé, avaient promis en retour de cet enfantement de consacrer voire offrir en mariage leur enfant si c'était une fille aux esprits des eaux. La mère ayant effectivement mis au monde une fille, les parents durent honorer leur engagement. Ce pacte se matérialisa entre les parents et les démons de la rivière *Alomou* par un sacrifice initial de deux moutons et un poulet. Par la suite les parents de cette dame devaient mensuellement apporter trois poulets en sacrifice au bord de ce cours d'eau.

Voyez bien avant même que notre sœur ne soit née, elle avait été déjà dédiée à ces démons. Les rituels ne feront que renforcer ces pactes. En définitive, la dame était mariée sans même s'en rendre compte elle-même : dans le monde spirituel elle était mère de sept enfants et portait au moment où nous priions pour elle, une huitième grossesse. Cette grossesse était dans notre monde physique incarnée par une sorte de fibromes qui avaient enflé effectivement son ventre et dont souffrait en réalité la sœur en Christ. Elle portait une grossesse satanique. Notre texte d'exhortation dit à cet effet : *« ...les parents ont mangé des raisins verts et les dents des enfants se sont agacées »*. Si évidemment les parents n'avaient pas provoqué ces démons, certainement que leur fille ne serait pas l'objet des caprices et malices de ce démon.

L'esprit impur se manifesta violemment et se mit à se plaindre ; revendiquant la propriété de la femme. Je priai encore le Seigneur qui me dit instantanément de demander de l'eau à disposition dans un récipient. Le Seigneur me dit alors d'invoquer le nom d'*Alomou* sur cette eau. Dès que je m'exécutai l'eau se mit à bouillir dans le récipient qui, je vous assure n'était exposé à aucune source de chaleur. La dame et même toute l'assemblée prirent peur. L'esprit impur se détourna alors de la sœur pour se manifester à travers une autre personne : pourquoi m'avez-vous invoqué ? Je me repose et pourquoi vous osez me déranger s'insurgea-t-il. Je lui intimai l'ordre de libérer les personnes qu'il tenait captives. Suivez ce qu'il va nous répondre insolemment : personne ne peut payer ce que les parents me doivent pour que je laisse cette femme libre. Ses parents me doivent beaucoup.

Tout compte fait en effet, la fille avait perdu son dernier parent (son père en l'occurrence) à l'âge de vingt-cinq ans. Ce qui veut dire que depuis ce temps le contrat à l'égard de ce démon n'était plus respecté. Aussi après le sacrifice initial, il était convenu que les géniteurs de la sœur sacrifient trois poulets chaque mois. Imaginez donc que ne serait-ce qu'en dix ans les parents restaient devoir : tout au moins 360 poulets à cet esprit démoniaque : en valeur numéraire, cela reviendrait approximativement à 360 poulets multipliés par au moins 2500 francs ; soit 900 mille francs CFA. Ce qui était une somme considérable pour des gens de leur condition sociale. Une dette qui ne pourrait certainement pas rembourser d'un trait. Le démon était donc en droit sur le plan spirituel d'exercer toute forme d'autorité sur cette personne en vertu des clauses d'alliance qui le liaient aux parents de la dame en effet.

Ceux-ci en quête d'enfantement avaient premièrement demandé la faveur des esprits des eaux pour avoir un enfant. Ensuite après avoir obtenu gain de cause, ils s'étaient engagés à obéir à un certain engagement. C'est donc en toute légitimité que le démon considérait cette femme comme sienne. Il fallait alors poser une action prophétique sur la base de la parole de Dieu afin de résoudre à la racine cette énigme. L'esprit de Dieu me révéla par conséquent comment procéder par la suite. Il me dit de poser une action prophétique de rachat à l'aide de trois pièces de 25 frs CFA représentant le coût des trois poulets. Ceci représentait symboliquement entre autres la dette des parents à l'endroit de l'esprit. Pendant que cette eau dans le récipient bouillait toujours, je commençai à bénir le Seigneur et à l'adorer. Je déclarai en substance : Seigneur tu es le Dieu à qui l'or et l'argent appartiennent, c'est toi qui domine dans les cieux et sur la terre et c'est toi qui nous donne la capacité aujourd'hui de payer tout ce que les parents de notre sœur devaient à ces esprits démoniaques. Après quoi je m'adressai avec autorité à l'esprit dominant ; et, jetai ensuite les trois pièces dans l'eau qui bouillait. Instantanément les mouvements de l'eau cessèrent. Au même moment, les esprits se mirent à se manifester violemment au travers des personnes qu'ils possédaient par des cris de défaite puis s'en allèrent. La connexion avec ce monde malsain venait ainsi d'être détruite. La sœur recouvra sa délivrance. Un mois après cet épisode nous apprîmes qu'elle avait été dotée. Voyez comment Dieu nous a conduit dans ce cas particulier pour nous instruire sur le mode opératoire de délivrance.

Certes Jésus Christ a déjà tout payé à la croix pour nous. Mais les fondements sur lesquels nous et nos parents avons bâti ne peuvent que subsister tant que nous n'en avons pas eu connaissance pour nous en défaire. C'est pourquoi il est important de passer dès notre conversion par des temps de délivrance afin que nous soyons totalement libres en Jésus. Prions toujours que le Seigneur nous révèle les choses cachées, les choses que nous ignorons de notre passé afin que lui-même encore nous accorde la force et la sagesse de nous en défaire, de nous en déconnecter. Même le Seigneur Jésus a eu à opérer des cas de délivrances divers dans la Bible pendant qu'il exerçait son ministère terrestre. Autrement il pouvait simplement déclarer leur salut sur la base de sa rencontre avec les individus pour qui il est intervenu.

Refermons cette parenthèse pour poursuivre le récit là où nous nous sommes arrêtés.

Quand je récupérai tous les éléments sortis du Bandama, je repris le chemin du retour chez le vieux béninois. Il devait être aux alentours de 03 heures du matin. Quand il m'aperçut le vieux réitéra ses félicitations à mon endroit en me répétant une fois de plus que j'étais très courageux. Cette fois le féticheur me donna du pain qui me servit à rompre le jeûne de dix jours que je venais d'achever. Il me fit une incision de trois scarifications sur mon bras gauche et y introduisit une poudre rougeâtre. Puis le vieil homme m'affirma avec fierté ceci : je ne vois aucun homme qui puisse te battre dans une querelle. Je passai le reste de la nuit dans sa maison puis, le matin il me libéra.

J'arrivai au domicile de mes parents, méconnaissable. Mes vêtements étaient tout sales à l'image des endroits où j'avais passé ces dix derniers jours. Ma mère qui fut la première personne à m'apercevoir paraissait tout aussi effrayée qu'inquiète.

- D'où viens-tu mon fils ? me demanda-t-elle, avec émoi.
- Je viens de chez tonton Django à Kossou, lui mentis-je.

J'avais quelques fois visité cet oncle qui en réalité était un ami à mon père, à quelques kilomètres à l'est de Bouaflé. Ma mère sembla à moitié rassurée et me suivit du regard pénétrer dans la maison. J'avais pris le soin de fourrer le cahier et les autres éléments mystérieux sous mes vêtements. J'avais l'avantage de dormir seul dans la chambre, mes autres frères préférant profiter de l'espace du salon. Aussi je gardai soigneusement tout ceci dans un coin de la pièce. En réalité j'avais peur que la chose soit sue de mes parents. De même que j'avais peur ; aussi bizarre que cela puisse paraitre, d'essayer ce pouvoir. Certainement que mes parents chercheraient à en savoir plus sur l'origine de ce cahier et je n'osais pas imaginer la suite…

Cet épisode passa comme si de rien ne fut. En effet je ne manifestai rien de cette puissance que je fus allé chercher chez le féticheur. Tel que la chose était passée sous silence, il me semble que j'avais même oublié cette aventure et repris le cours normal de ma vie scolaire.

Je restais un gamin ordinaire tant que je n'avais pas encore senti les effets de cet envoutement d'une nuit. De mes huit ans à l'âge de dix ans les choses n'allaient pas tarder à se manifester cependant. Nous étions alors en 1990.

En effet, mon environnement scolaire est ce qui allait éveiller les démons dormants en moi. Nous étions dans une atmosphère de délinquance juvénile qui me poussa à avoir recours à mes formules magiques. Tous les soirs, à la sortie des classes nous nous retrouvions en petites bandes de garçons qui rivalisaient en bravoure et en violence. Chaque combat devait soit révéler un nouveau fort, soit confirmer la suprématie de quelqu'un parmi mes amis. J'aimais pour ma part cette ambiance et ne manquais pas d'assister à ces spectacles ; du reste en tant qu'observateur. Ce statut changea pour me transformer en acteur le jour où il m'arriva d'être impliqué dans une dispute avec des amis écoliers.

Dans ce même temps à Bouaflé régnait un gangster du sobriquet de Tom Billy. Il s'imposait par la terreur qu'il répandait autour de lui. Moi j'avais acquis une certaine force qui ne m'était utile jusque-là qu'aux petites bagarres d'écoliers. Je fus tenté de le défier afin de mettre fin à son règne. J'y parvins sans le moindre effort.

D'ailleurs pour ce faire, j'avais pris des dispositions afin de renforcer ma puissance avec l'aide de mon maitre féticheur. Je n'avais pourtant pas encore essayé ne serait-ce qu'un petit aspect du pouvoir de nuisance de la première expérience. Il m'avait demandé entre autres de recueillir certains organes de cadavres humains tels que les ongles, des cheveux et en particulier des oreilles de corps nouvellement ensevelis. Le béninois me montra par la suite d'autres volets de ces pratiques qui consistaient en des incantations dont il m'apprit soigneusement les formules. Et, la quasi-totalité des rituels et pratiques mystiques avaient leur source dans les caveaux du cimetière.

Ma remarque personnelle est que la plupart des mystiques y tirent leur pouvoir. Par ailleurs, les organes prélevés sur les corps constituaient un business qui en général se perpétrait en complicité avec les vigiles des cimetières. Ces derniers percevaient de l'argent en échange pour nous laisser recueillir librement ce que nous souhaitions sur les cadavres.

L'un des pouvoirs que me conféraient les scarifications additionnelles que je venais de faire avec les prélèvements mortuaires était appelé « *poisson courant* ». Ce pouvoir avait la particularité d'électrocuter en quelque sorte mon adversaire à l'image de l'anguille qui secoue au toucher. Ces scarifications sont appelées dans le jargon des ''*kappa*''.

Les ''*kappa*'' s'accompagnaient généralement d'interdits ou totems. Dans mon cas je devais éviter le citron, l'ail, l'huile rouge en plus du fait que le jour de l'opération ainsi que le jour suivant je devais m'abstenir de toute toilette. Voyez combien de fois je devais me priver désormais de certains mets faits à base de ces ingrédients tant à la maison que dehors.

Il m'arriva un jour donc de tester tout ce que j'avais fait introduire dans mon corps par ce béninois. En effet, je ne sais si c'était le fait d'y croire fermement qui commençait à m'influencer fortement. Mais je ressentais à présent des sensations terribles dans mon corps, comme une certaine soif de violence.

Je pris une bouteille que je posai à une certaine distance de moi. Je fixai sérieusement cette bouteille puis, avec toute la concentration qui accompagnait mon geste, je vis la bouteille sauter en éclats. Je venais de tester un de ces ''*kappa*'' appelé l'œil gauche du revenant. Eh oui, j'avais obtenu à présent la certitude que j'étais devenu puissant comme je le recherchais. A partir de ce moment-là, mes fréquentations favorites étaient les endroits où se déroulaient quelques bagarres de quelque nature que cela pouvait être. J'avais constamment envie de me battre ; peu en importait la raison. Pour un oui ou pour un non, j'étais prêt à en découdre avec quiconque se trouvait en face de moi. Je terrassais des ainés, des personnes d'apparence plus fortes que moi. Je commençais vraiment à prendre plaisir en ces choses ; ce qui n'était pas fait pour m'arrêter de sitôt.

Mon père avait remarqué cette attitude mais l'avait certainement imputée à la délinquance juvénile.

Le temps était venu pour moi de me venger d'Innocent. En 1990, fort malheureusement pour moi en ce moment-là, j'appris que le père de mon agresseur d'il y a quelques années avait été muté dans le cadre de son service dans une autre localité du pays. Le jour où j'appris cette nouvelle, j'eu très mal. C'était pour cet Innocent que j'avais fait tout ce parcours juste pour découvrir finalement que je ne le verrais plus dans la ville. Si Innocent n'était plus là, tant pis ; d'autres personnes encaisseraient les coups à sa place ; me suis-je résolu et consolé. Aujourd'hui je me rends compte que c'est le Seigneur lui-même qui venait de m'épargner d'un meurtre très certain. Je le remercie encore de ce plan merveilleux qu'il maitrisait parfaitement.

En définitive, j'avais hérité d'une force démoniaque qui dictait désormais tous mes faits et gestes, à la suite de plusieurs autres scarifications mystiques que je m'étais fait moi-même sur le corps. Entre autres ''kappa'', il y avait ceux appelés « *soleil* », « *dragon* », « *pied gauche de l'éléphant* » « *dos de chat* », « *tête du python* » ou encore « *un coup KO* ». Il y en a un qui s'appelait « *l'œil gauche du revenant* » qui m'impressionnait particulièrement et dont j'aimais régulièrement me servir pour intimider mes adversaires. C'est celui que j'avais d'ailleurs utilisé pour ma première expérience. Il consistait avec la force mystique que cela impliquait à fermer l'œil droit, en gardant l'œil gauche ouvert. Je me servais alors de ce dernier pour fixer durement mon adversaire. Celui-ci coulait systématiquement des larmes et se sentait affaibli par une certaine oppression ; comme si cette personne avait été battue ou qu'elle avait du piment dans les yeux. Un autre s'appelait « *crapaud baveur* ».

Une fois que j'en faisais usage, je me mettais à baver avec des démangeaisons et des spasmes corporels semblables à ceux d'une personne épileptique. Une bave mousseuse et d'une couleur verdâtre qui effrayait les gens.

Et ces formules ne servaient pas qu'à la violence. En effet, j'étais aussi équipé au vol à l'aide d'un 'K*appa*'' qui s'appelait « *djassana djassana* ». Avec cette formule je pouvais soutirer de l'argent à un individu par un simple contact physique. Il suffisait que nous soyons dans le même endroit et que j'arrive à toucher la personne pour que je parvienne à transférer tout ce que celle-ci possédait sur elle dans mes propres poches. C'est cette capacité de pickpocket qui m'a valu le sobriquet de *Dollar Bill.* Je dérobais impunément les sous de mes victimes et me faisais de l'argent sans aucun effort.

Il y en avait d'autres qui me donnaient de résister aux coups de machettes et de quelques autres armes blanches. J'avais tiré toutes ces formules du cahier que j'avais reçu au bord du fleuve Bandama. J'étais devenu un danger public et même les plus grands gangsters, des loubards de la ville de Bouaflé se soumettaient à mon autorité. Je les avais tous à mes pieds pendant que je faisais des dégâts tout autour de moi.

Plusieurs camarades mais aussi des inconnus ont fait les frais de ce nouveau personnage que j'étais devenu. C'est ainsi qu'un jeune footballeur du nom de Fousseni qui m'en voulait me défia un de ces jours sans même savoir l'origine de mes pouvoirs. Avec les encouragements de son grand frère Kassoum, il se proposa de me battre. Comme si cela ne suffisait pas c'est lui-même qui lança les hostilités et m'administra une gifle cinglante. Sachant de quoi j'étais capable, je me mis à rire et orientai la chose dans la plaisanterie, étant donné que je connaissais bien ce jeune. C'était tout de même un camarade. Lui, le prit autrement, puis se mit à me menacer sans réserve. Prenant la chose au sérieux à présent, je commençai de mon côté à faire mes incantations en m'appuyant sur mes formules mystiques. Soudain, se concentrant sur lui-même, Fousseni me donna un violent coup de tête au front. Il n'y vit que du feu et s'écroula net. La formule dont je m'étais servi était celle appelée « *soleil* ».

Etant donné que nous étions en plein jour avec le soleil au zénith, sa douleur ne fit que s'accentuer avec les rayons solaires qui étaient censés booster l'effet mystique de mon coup. Il était couché là, inerte ; comme mort. Ses supporters et son frère aîné furent tous tétanisés. Par contre moi, du fait que je n'avais pas pu donner le coup à la suite de mes incantations, je me retrouvai en difficultés. En réalité quand il en était ainsi c'est moi qui devais donner le coup pour évacuer la puissance. Or, c'est moi qui avais plutôt encaissé le coup.

Dans ces conditions il me fallait absolument cogner quelque chose afin de me décharger. J'allai donc précipitamment donner un coup de tête à un arbre à proximité. Ce qui m'apaisa énormément. Je revins ensuite vers Fousseini pour qui je commençai à prendre de la peine quand je revins à moi-même. Il était toujours étendu sans secours. Personne ne pouvait rien faire pour lui. La seule chose qui pouvait le sauver et désamorcer l'impact du coup sur lui en ce moment était soit le coucher et l'absence du soleil, soit que j'urine sur lui. J'optai finalement pour cette dernière option afin de le sauver.

Comprenez bien aimés, à quel point, j'avais poussé à ce jeune âge-là le bouchon un peu trop loin. Malgré les apparences je souffrais de ces liens parce que j'avais provoqué des démons qui me possédaient à présent.

Je ne cesse de remercier encore aujourd'hui le Seigneur de ce qu'il m'a délivré de ces démons que j'ai volontairement cherchés et trouvés.

A Bouaflé j'étais véritablement craint car je causais beaucoup de dégâts. Partout où il y avait de la bagarre, l'on me sollicitait. Et, du haut de mes dix ans et cette petite taille qui était la mienne, je n'hésitais pas à courir pour aller intervenir. Ce n'était pas dans le sens d'apaiser, mais plutôt pour prendre part aux troubles. Quand j'arrivais sur place je ne cherchais pas à comprendre qui avait fait quoi. Mon intervention consistait à prendre part de façon active à la querelle. Aussi je frappais dans les deux camps adverses. Ce qui poussait dans la plus part des cas, les belligérants à prendre la poudre d'escampette lorsqu'ils me voyaient débarquer sur les lieux. Et quand même les bagarreurs avaient quitté les lieux, je m'arrangeais tant bien que mal à trouver quelqu'un sur qui déverser ma hargne. Aussi il arrivait que la foule elle-même se disperse spontanément quand les personnes aux prises s'enfuyaient. J'étais une véritable terreur. Tout le monde avait peur de moi y compris même mon père. Mon propre géniteur n'arrivait pas à me canaliser.

La seule voix qui pouvait m'influencer dans cet état était celle de ma mère. Mais, même elle ne pouvait y parvenir que de façon momentanée. Car à peine m'avait-elle apaisé que je reprenais le cours de mes histoires là où je les avais laissées. C'était un impératif pour moi désormais de me battre quasi quotidiennement.

J'ai transposé cette violence de Bouaflé à Abidjan où j'étais venu chez un oncle paternel, tonton Djédjé Michel.

A Abobo Anonkoi 3, il y avait un loubard d'une certaine renommé, appelé Dekys. Mon oncle habitait au quartier *Zion* derrière les rails dans la direction de Bocabo. Dekys était un loubard de métier qui semait la terreur partout. Quand j'arrivai à Abidjan, les gens ne faisaient que me parler de lui. Mon oncle même le mentionnait dans nos échanges très souvent avec crainte. Cependant je leur déclarai sans sourciller que je battrais ce Dekys. Pour la notoriété qu'il dégageait je me dis intérieurement que j''avais enfin trouvé un adversaire de mon gabarit. Aussi j'étais impatient de rencontrer et affronter ce Dekys pour démonter à quel point j'étais imbattable. En compagnie de mon cousin Olivier Djédjé et des amis, j'étais allé au *Cafébou (dépotoir des déchets de café en langue malinké),* après les rails ; quand ce dernier y apparut.

Les gens se mirent précipitamment à s'éclipser. Eh les fistons quittez ici... ! s'écria le malfrat d'une voix effrayante quand il fit irruption sur l'espace que nous occupions. Je le regardai droit dans les yeux et lui dis : moi je ne suis pas ton fiston et je n'ai pas peur de toi. Du coup, se fiant certainement à ma taille et ma forme, il me méprisa et envoya l'un des cinq de ses compagnons loubards pour me dégager des lieux. Je lui fis savoir que je ne voulais pas avoir affaire à quelqu'un d'autre que lui. Et que seul lui Dekys m'intéressait. Ces propos le mirent hors de lui et plongèrent Dekys dans une colère noire au point où il voulut en finir avec moi sur le champ.

Ah bon ?! Tu oses te mesurer à moi ?... Petit impoli, me lança-t-il d'un air menaçant et agressif. Un de ses acolytes voulut faire mouvement vers moi mais *son boss* l'interrompit net, comme pour prendre les devants des choses : laisse, celui-là, ses parents vont le pleurer aujourd'hui même !, interjeta Dekys assurément déterminé. Il se précipita vers moi à la vitesse d'un éclair pour me balayer d'un coup de pied. Mais avant même qu'il ne s'en rende compte, il se retrouva à terre sous mes coups. Avec un effort improvisé, il se débattit et parvint tant bien que mal à se relever. Mais d'une prise tactique je le terrassai une seconde ; puis une troisième fois. Le fameux loubard se rendit compte que je n'étais pas un morceau facile. Bientôt il étouffait et commença à s'affaiblir. Je ne relâchai pas pour autant le rythme de mes coups et continuai de le tabasser sur toutes ses parties corporelles qui s'offraient à moi. Il me sembla entendre des cris à peine étouffés de pardon sous moi que mon adversaire marmonnait.

Je compris alors que je venais de le vaincre, lui le grand Dekys, craint de tous. Ses amis avaient pris la fuite l'abandonnant à son sort. Quand il se releva alors que je le relâchai, ce fut pour s'incliner sous un air de soumission en face de moi. Tous autour de moi se mirent à scander mon prénom : Didier ! Didier ! Didier ! J'étais le grand vainqueur et venais de démystifier ce dangereux gangster.

Plus tard quand ce dernier arrivait dans notre secteur il savait à quoi s'en tenir car j'étais devenu son « *vieux père* ». Ainsi, ma lugubre reputation continua-telle de se répandre un peu partout dans la commune.

Il y eut aussi après cet épisode, le duel qui m'opposa à un autre caïd de la bagarre de la ville de Daloa qui s'appelait Charly Watta, un originaire de Vavoua. Dans cette ville que j'ai également fréquentée, ceux qui en étaient les témoins oculaires et qui peuvent s'en souvenir ; se rappelleront que ce fut une cohorte de policiers armés de kalachnikovs et de matraques qui vint nous séparer quand nous étions aux prises. Charly Watta avait un pied quelque peu déformé par la polio. Ce qui n'était pas un réel handicap pour lui ; puisqu'il s'en servait même pour se battre. Il disposait de pouvoirs mystiques qui lui permettaient de disparaitre et réapparaître à sa guise pendant la bagarre. Mais moi je le maitrisais parfaitement. A vrai dire, je n'étais plus moi-même. Je dépendais désormais plus des démons qui influençaient et dictaient mes mouvements que de ma propre conscience.

Personne ne m'effrayait, aucun humain n'avait la capacité de m'influencer à cette époque. J'avais néanmoins gardé une vertu humaine qui est le respect pour les aînés. Mais ce qui par-dessus tout pouvait me mettre hors de moi était quand l'on me méprisait. Je respectais autant mes parents que tous ceux qui m'entouraient. Un client de mon père (en tant qu'agent immobilier) est arrivé un de ces jours, pour s'en prendre à mon géniteur suite à un malentendu. Présent ce jour-là à la maison, j'étais de loin concerné par cette affaire. Cependant le monsieur qui avait pénétré notre cour avec les menaces ne cessait de vociférer de méchants propos à l'encontre de mon père. Monsieur au lieu d'insulter les gens dans tous les sens vous feriez mieux de vous assoir pour vous faire entendre ; lui avais-je lancé. Ce qu'ayant entendu notre visiteur cria à l'endroit de mon père de calmer ses enfants mal élevés dont moi.

Ce fut la ligne rouge qu'il ne devait pas franchir. La discussion prit une autre allure sur le champ. Aussi mon père qui était au faite de ma violence essaya de me calmer afin d'éviter tout désagrément. L'autre ne l'entendant pas de cette oreille se jeta sur moi avec un violent coup de crâne.

Je n'essayai même pas d'esquiver ce coup. Bien au contraire je répliquai systématiquement. Le choc fut tellement violent que ce monsieur se retrouva par terre le visage couvert de sang. Les voisins et mes parents se mirent à crier de peur confessant déjà que je venais de tuer le visiteur. Moi par contre, j'étais émerveillé par la scène et ce sang qui maquillait ma victime. Je venais d'accomplir un exploit et la vue du sang me procurait une certaine excitation. Me rendant tout de même compte que c'est à mon papa que ce spectacle créait des préjudices, je sortis chercher des feuilles à l'extrémité de la cour pour stopper l'hémorragie.

Je n'eus de cesse d'approfondir mes connaissances dans les pratiques mystiques au point où cela était devenu comme un jeu d'enfant pour moi.

Une autre expérience que j'ai faite dans ce milieu est le ''*kappa*'' par exemple qui pouvait me permettre de saisir une personne et faire arrêter sa circulation sanguine. Même cinq personnes réunies ne pouvaient alors se défaire de mon étreinte. Point n'est besoin pour moi de rappeler ici la composition de la potion qui me donnait ce pouvoir mais il convient de notifier que c'était encore au cimetière que je tirais la matière principale. Toujours est-il que le matériau seul ne servait à rien sans les incantations. Ce sont les invocations de démons dans le produit fini qui conféraient à ce dernier le pouvoir maléfique dont je faisais ensuite usage à ma guise.

Certaines personnes se leurraient en ne s'arrêtant qu'à la composition matérielle du ''*kappa*'' sans aller plus loin. C'était juste pour paraitre ou s'attirer des regards. Les vrais initiés se classent en deux catégories d'usagers : ceux qui sont tourmentés après quelques temps d'utilisation de ces pratiques et qui cherchent vainement à s'en défaire. Et, ceux qui s'y complaisent toujours, qui sont conscients des dangers de ces potions mais qui se résolvent à ne jamais les abandonner. En effet, ces personnes en général avides de pouvoir ont pris goût aux effets surnaturels qui leur permettent de « dominer sur les autres ».

C'est l'exemple de l'un des jeunes que j'avais initié en son temps du prénom de Noël. Après ma conversion je le rencontrai en prison où il purgeait une peine suite à des méfaits. Nous étions allés faire des dons en nature dans cette prison quand l'un de mes accompagnateurs se fit agresser par un des prisonniers. Celui-ci trouvait en effet que ce que nous étions venus leur apporter comme dons n'était pas suffisant ou du moins que cela ne correspondait pas à leur besoin du moment. Noël était dans le fond de la cellule quand son codétenu commettait son forfait. Il cria de sa position pour savoir ce qui se passait et qui créait le froufrou. En réalité Noël, même en prison était craint et devenu le chef des lieux. C'est donc à l'un de ses lieutenants qu'il demandait des comptes pendant que nous vivions la scène. C'est moi qui lui avait administré ses pouvoirs et il me vénérait quasiment. Quand il parvint à notre niveau de la geôle et m'aperçut ; grande fut sa surprise. Il s'écria d'une voix empreinte à la fois de révérence et de crainte « *vieux père !* ». Aussitôt l'autre relâcha son étreinte autour du bras de mon compagnon et se mit à s'excuser avec tremblement. Noël lui expliqua dans leur langage que tout ce dont il disposait comme force et pouvoir lui provenait de moi. Le fautif se rendit compte qu'il venait de commettre peut être une faute irréparable. Mais j'apaisai la tension en expliquant à nos hôtes le bienfondé de notre action. Je lançai ensuite une invitation à Noël à accepter le Seigneur Jésus Christ en abandonnant ses pratiques.

Même si je devais suivre Jésus là, je ne laisserais jamais ça *vieux père* ! Les gens me respectent trop, ce que tu m'as donné là c'est une bonne chose..., me confessa-t-il en substance. En clair Noël avait atteint l'objet de ses convoitises, il s'en plaisait, n'en était pas fatigué et n'était pas prêt par conséquent à abandonner cette voie. Il est bon de le dire, toute libération et délivrance certes émanent de la volonté première des victimes du diable, mais ceci est une pure grâce héritée du Seigneur Jésus Christ. **Ephésiens 2** :

8. Car c'est par la grâce que vous êtes sauvés, par le moyen de la foi. Et cela ne vient pas de vous, c'est le don de Dieu.

Aussi je n'imputais pas entièrement la responsabilité à Noël de s'être enraciné dans ce statut. Pour ce qui me concerne, je me rendais clairement compte que n'eut été l'intervention de Dieu je ne m'imaginais pas en train de dénoncer en ce moment même des choses dans lesquelles je prenais plaisir téléguidé que j'étais par les démons. J'aimais excessivement voir le sang. Ce qui faisait qu'une bagarre sans effusion de sang me laissait sur ma faim et me rendait triste. J'aimais apprendre davantage sur les formules mystiques pour mettre en pratique les pouvoirs surnaturels que celles-ci me conféreraient.

J'en sais énormément sur ces pratiques et les incantations qui y sont associées mais je me garderai de révéler ces prières démoniaques ici de peur de donner des idées à des personnes moins affermies qui me liraient. Je voudrais plutôt interpeller ces personnes moins affermies en leur défendant vigoureusement d'essayer. A celui qui ne connait pas le Seigneur qui vit encore dans ces choses, aux « **brouteurs* », aux délinquants qui se confient aux marabouts et féticheurs pour quelque pouvoir que ce soit, je voudrais dire que le bonheur que procurent Satan et ses agents n'est qu'éphémère. Il n'y a que désastre et calamité au bout. Seule la bénédiction du vrai Dieu reste sans chagrin. **Proverbes 10** :

22. C'est la bénédiction de l'Éternel qui enrichit, Et il ne la fait suivre d'aucun chagrin.

Aux pseudos serviteurs de Dieu qui partent aussi chercher le feu étranger pour l'emmener sur l'autel saint, vous vous exposez à la sévérité du jugement dernier. Dieu est si puissant qu'il n'a pas besoin d'aide pour opérer là où son nom est invoqué en vérité. Le Seigneur donne des visions certes mais sa puissance n'est pas comparable à celle des agents du diable. Alors de grâce allons au rythme de Dieu.

Voici en somme le genre de vie que je menais, disons le plutôt que je subissais ; loin de mon créateur.

Ce chapitre s'il devait être résumé rappelle ma rencontre à huit ans avec un être démoniaque qui se fit appeler le *dieu du Bandama*. Un démon que m'a fait rencontrer un féticheur vodou, après que ce dernier m'ait au préalable fait passer trois nuits au cimetière de *Lopouafla* dans la ville de Bouaflé. Cette initiation maléfique et ces liens que j'avais volontairement tissés avec le monde des ténèbres m'avaient radicalement transformé deux ans plus tard en un monstre qui a semé la terreur autour de lui. Une bague, un cahier de formules magiques et une feuille blanche comportant mon nom, voici les outils qui m'avaient servi de connexion avec ce monde et que je gardais précautionneusement dans ma chambre à coucher. Toutes ces années personne ne sut d'où me venaient cette force surnaturelle et la violence qui en découlait. Mes parents avaient plus ou moins connaissance de ce que j'étais devenu et même de ce que j'initiais aussi d'autres jeunes mais ils n'avaient pas vraiment mesuré l'ampleur de mon

**Brouteur : arnaqueur dans l'argot ivoirien*

exploration dans l'univers des pratiques sataniques. Ces choses ne furent exposées qu'au jour de ma délivrance faite par l'apôtre Koffi K. Fulbert du Centre Evangélique Béthel.

De l'année 1990 à 2000 et un peu au-delà, j'ai impuissamment lutté avec cette force avant de commencer à expérimenter progressivement la grâce de Dieu.

Chapitre 3

L'appel de Dieu vient à mon endroit

Je suis arrivé à Abidjan sur recommandation de mon père auprès de mon oncle en vue de poursuivre mes études. Comme dit antérieurement j'avais transporté ma violence avec moi chez ce tuteur. C'est dans cette ambiance que j'ai fait la rencontre belliqueuse du brigand Dekys.

J'échappai très vite au contrôle de mon oncle qui n'est jamais parvenu à me maitriser alors que je n'étais maintenant qu'en classe de CM2. Il faisait les frais d'ailleurs lui-même de ma délinquance.

Un soir, un de mes initiés du nom de Bagnon qui était témoin d'une scène de bagarre accourut précipitamment chez nous pour m'en informer. Les troubles se déroulaient à Abobo Anonkoua 3 dans un bistrot appelé « *les rails* ». En son temps ce lieu était un gite des gangs de divers horizons. Mon gang à moi fréquentait également ce lieu bien entendu.

« *Vieux père, vieux père, c'est gâté, y a ton mangement là-bas, viens vite…* » ; ne cessait de hurler mon jeune acolyte. Cette nuit-là il y avait au milieu des loubards une délégation d'Anyama et les uns et les autres se lançaient des défis pour savoir quelle était la faction dominante du secteur. Il n'en fallut pas plus pour me booster. Je sortis en courant après le jeune. Mon oncle qui était témoin de cette scène ne put malheureusement rien faire pour me retenir à la maison. Quand j'arrivai sur les lieux l'atmosphère était plus que surchauffée. Je ne tardai pas à prendre le pool de la situation et m'engageai tout de suite dans la bataille. Peu importe qui j'avais en face. Il fallait que je me batte pour m'imposer. Un des loubards me poignarda à la cuisse gauche alors que je fonçais sur lui. Sans plus tarder, il m'infligea par la même occasion un coup mortel de tessons de bouteille à l'autre cuisse. Mais il regretta amèrement son acte les instants qui suivirent. Je lui envoyai une décharge en plein visage. Le sang gicla de sa face. Il se retrouva à terre sans s'en rendre compte. Je fonçai sur un second puis un troisième. Constatant qu'ils n'y pouvaient rien les membres des différents gangs prirent la fuite dans la débandade générale. Même les tenants du bistrot ne purent pas rester pour sécuriser leur établissement. Je ne cherchais pas à savoir qui faisait quoi, et qui était qui. Pour moi, frapper était le plus important en ce moment précis. Le sang qui coulait était ma plus grande récompense et m'inspirait dans cet élan. J'encaissais aussi des coups mais ne m'en apercevais pas. Finalement, tous avaient déserté les lieux mais moi j'étais encore en transe de cette force mystique qui m'animait. Je me jetai sur un pilier du bistrot auquel j'administrai un violent coup de tête pour me décharger de cette force. Ceci m'apaisa un tant soit peu et me ramena progressivement au calme. Au bout du compte je me retrouvai avec de graves blessures cette nuit-là. Le débardeur jaune que je portais avait pris une couleur orangée du fait du sang aussi bien de mes adversaires que du mien dont il était imbibé. Quand mon oncle m'aperçut à mon retour, j'étais dans un piteux état. Tout impuissant il me laissa entrer dans la maison et entreprit avec l'aide de sa femme de m'aider tout en me faisant des remontrances avec délicatesse. Il avait surtout peur d'éveiller la colère qui m'avait fait sortir instinctivement de la maison les heures d'avant.

Une autre fois, j'allai avec *mes petits* (ceux que je formais pour me représenter à Abidjan) afin d'affronter une autre bande. Il est à noter que j'avais entrepris de mettre sur pied des bases locales de cette bande. Je voulais en faire une marque personnelle. Ainsi, il y avait ceux d'Abidjan, d'une part. D'autre part, Noël était à la tête de ceux de Bouaflé. Puis, David à Daloa ainsi que *Washirou* à Bouaké où j'avais une bande en formation. De même à Yamoussoukro j'entrepris de former également des représentants. J'avais déjà au-delà de douze ans quand j'étais à la tête de ces petites bandes selon que je séjournais dans une ville ou dans l'autre.

Ce jour-là donc nous étions à *Bocabo* un sous quartier dans la commune d'Abobo pour affronter une autre petite bande. Or au milieu de nos adversaires se trouvait une fillette d'un certain âge, apparemment moins âgée que moi. Elle se démarqua de son groupe, se plaça au-devant de celui-ci et lança un défi aux miens.

Moi je veux affronter votre *vieux père ;* nous avait-elle nargués. Mes lieutenants se mirent à se moquer d'elle en lui demandant de ne pas perdre son temps à jouer avec nous. Eux me craignaient terriblement. D'où sortait cette petite effrontée qui osait venir défier leur caïd Dollar Bill ?

Je dis que je n'ai pas affaire à vous. Je m'appelle Larissa et c'est votre chef que je veux affronter, insista Larissa l'inconnue.

Je trouvai cette provocation de trop et sortis aussi de derrière mes lieutenants. Quand elle m'aperçut, elle ne fut point intimidée et me fixa des yeux avec une certaine détermination.

Toi une maigrichonne comme ça tu peux me faire quoi ? Lui lançai-je sans hésiter.

Son apparence me donnait en effet toute la latitude de la mépriser. Quelle ne fut pas ma surprise quand Larissa se jeta d'un bond sur moi. En un temps éclair elle m'avait mis à terre. Je me retrouvai le coup tordu sous son étreinte. Ses deux genoux bien implantés dans le sol, son buste calé dans mon ventre, elle me pressait les bras qu'elle croisa sur ma poitrine. J'étouffais sous la petite fille. Tout ce qu'elle attendait de moi est que je confesse qu'elle était plus forte que moi. Appelle moi *vielle mère* me grogna-t-elle.

Moi Dollar Bill, appeler cette gamine ma vieille mère ? Au grand jamais ! Laisse-moi, relâche-moi…!

Ma voix était à peine audible et je luttais vainement pour me défaire de ce piège. En plus des efforts physiques je me mis à faire mes incantations. Rien ! Aucun effet, aucune réaction apparente dans mes membres. Toutes mes forces m'avaient abandonné. Tout mon pouvoir mystique semblait désactivé. Mes gens me sentant en difficulté face à Larissa prirent tous la fuite en m'abandonnant là sous la prise de cette inconnue. Voyant que je n'y pouvais plus rien je capitulai : *vieille mère* pardon, avouai je vaincu. Instantanément, elle me libéra de son emprise et me menaça d'un air sérieux : ne venez plus jamais emmerder les gens ici désormais.

Qui était cette fille ? J'allais l'apprendre sans plus tarder. En définitive, la curiosité et cette cuisante défaite que je venais d'encaisser me motivèrent à me lier d'amitié avec elle par la suite. Je me rapprochai d'elle pour en savoir davantage sur elle et commençai par lui raconter mon témoignage d'initiation. Elle connaissait le palmarès des gens que j'avais battus avant qu'elle me terrasse. Ma curiosité n'était pas moins motivée par le fait que je voulais percer le mystère de cette gamine en vue de la supplanter quand j'en aurais l'occasion.

Il ne me fallut pas plus de temps pour découvrir en réalité que Larissa avait été initiée par la reine des côtes et ses pouvoirs mystiques étaient à priori supérieurs aux miens.

Au domicile de ses parents (d'une famille recomposée), elle était victime de maltraitance régulière de la part de sa marâtre. Aussi dans un songe une femme lui apparut pour lui dire qu'elle avait la solution à son problème. Larissa avait vécu plusieurs fois cette apparition onirique et la dame en question finit par l'inviter à Grand Bassam. Avec le peu d'argent dont elle disposait elle se rendit donc dans cette ville balnéaire sans savoir qui elle y rencontrerait réellement. Elle alla donc dans l'espoir qu'elle rencontrerait d'une manière ou d'une autre la solution à son problème. Après qu'elle ait dépensé les quelques pièces qui lui restaient à manger Larissa n'avait plus de quoi à rentrer à Abidjan. Une voix comme pour la téléguider lui demanda de rester à Bassam. C'est ainsi qu'elle déambulait au bord de la plage quand la même femme du rêve lui apparut physiquement, sortant de l'eau. Cette dernière se présenta à nouveau et confirma sa capacité à aider celle qui était désormais ma confidente. L'inconnue demanda à la fillette de la suivre dans les profondeurs de l'océan.

Tu ne t'es pas noyée ? Lui demandai-je à la fois curieux et émerveillé.

En vérité Larissa ne sut jamais comment en quelques secondes elle s'est retrouvée dans le monde aquatique. Elle me décrivit ce milieu qu'elle trouvait à bien d'égards rempli de merveilleux endroits : selon ses dires, c'était un royaume entier qu'elle découvrit sous l'océan. Une fois là-bas, la femme lui remit un cadenas sur lequel la gamine devait prononcer toutes sortes de vœux. La consigne était que Larissa devait par la suite fermer le loquet, jeter la clé dans la mer puis aller enterrer le cadenas dans un endroit de son choix. Le plus grand vœu qu'elle émit était d'avoir le pouvoir sur tout le monde et que tous ceux qui lui voulaient du mal lui soient soumis indéniablement. C'est de cette manière qu'elle arriva à dompter sa marâtre.

C'est cette fille qui fut en effet la première et seule adversaire qui parvint à me battre et son témoignage me donna bien des idées pour accroître mon pouvoir. Je ne le lui fis pas cette dernière confidence par contre. Mon ambition était désormais de surpasser cette fille en puissance et pourquoi pas, devenir une référence nationale dans mon domaine. Aussi je rêvais déjà d'un « *match retour* » avec elle, combat au cours duquel je me voyais terrasser l'initiée des eaux.

Pendant ce temps, en février 2001, le prophète *Kacou Sévérin organisait une croisade de trois jours dans la commune d'Abobo qui se déroulait du lundi au mercredi. C'est lors du dernier jour de cette campagne que j'eu l'occasion de participer à la rencontre. Figurez-vous que ce n'était pas avec de bonnes intentions d'ailleurs.

Pour moi, encore sous l'influence de mes pratiques, j'y allai pour me moquer et constater ''leurs mensonges'' des hommes de Dieu. J'étais loin de croire en l'évangile et m'étais convaincu que c'était juste un spectacle de mensonges au cours duquel je ne manquerais pas d'occasion de me moquer de ces gens-là. A la maison j'entendais souvent dire que ce monsieur faisait marcher des paralytiques, qu'il guérissait des malades et faisais plusieurs miracles. Aussi faut-il le rappeler, ce petit côté surnaturel excitait tout de même ma curiosité. Tout ce en quoi je croyais en ce moment-là était mes propres capacités mystiques. Le reste je m'en foutais éperdument et mes intentions étaient à chaque fois, soit de tester, soit d'affronter les forces en présence.

J'étais en compagnie de mon oncle, sa femme et mon cousin Olivier. Le programme battait son plein. L'homme de Dieu était dans son temps de ministère avec tous les mouvements, les cris des délivrances que cela implique. Pour moi tous ces gens qui tombaient par terre, poussaient des cris variés ou parlaient des langues bizarres on ne sait sous l'effet de quelle drogue, tout ceci n'était qu'une pure orchestration. De la comédie bien organisée pour distraire les spectateurs innocents comme moi.

Soudain l'orateur (Kacou Sévérin), m'indexa : Toi !…

Je jetai simultanément un coup d'œil vérificateur en arrière comme pour montrer combien de fois je ne me sentais pas concerné par cette indexation. Un jeune homme derrière moi était en transe et commençait à bousculer les gens autour de lui.

Non toi !..., insista-t-il.

Pour ce qui me concernait en ce moment précis j'étais préoccupé par comment accroitre mon pouvoir, ma force pour frapper mes adversaires. Je ne me sentais donc point concerné par l'interpellation.

Moi ? Me fis-je intérieurement. Comme il insistait et semblait précis dans son indication je me levai timidement pour aller vers lui.

- Il y a une grâce particulière de Dieu sur ta vie, révéla l'homme de Dieu… Je vois que c'est quand tu seras en classe de 4è, que ces choses vont se manifester…

Dans mon fort intérieur, je m'attendais à ce qu'il me dise qu'il n'y aurait personne sur terre qui arriverait à me battre comme j'avais coutume de l'entendre avec les « autres ». Au lieu de cela, ce monsieur me parlait de grâce de Dieu. D'ailleurs qu'était-ce, la grâce de Dieu ? Je n'avais que faire d'une grâce. Moi j'étais en quête de puissance pour frapper des gens et non de grâce. Aussi quand il me fit cette révélation j'esquissai un sourire moqueur.

Ceci ne le découragea pas, il poursuivit plutôt en disant : Le Seigneur t'appelle, le Seigneur t'a choisi, tu es un serviteur de Dieu. Instantanément il pria pour moi en ces termes : Seigneur, je te bénis pour ce jeune homme sur qui tu reposes ta grâce, Amen. C'était tout. Il n'ajouta rien de plus me concernant et me demanda d'aller m'assoir. D'ailleurs la foule était si immense que le pasteur me donna l'impression de s'être fixé quelques fractions de minutes par personne de ceux pour qui il prierait. Cependant il avait ressorti une révélation concernant mon cousin Olivier. Ce dernier ferait la prison selon l'homme de Dieu. Effectivement ce dernier eut à ''goûter'' à la vie carcérale en 2015.

Après le programme nous rentrâmes à la maison mes parents et moi. Les gens en famille avaient commencé à me chahuter à la suite de ces révélations : L'on dit que tu seras pasteur…

Moi je serai pasteur des gens qui ont la force…, rétorquais-je souvent pour contrer leurs railleries.

Entre temps mes études avaient pris un coup du fait de mes fréquentations. J'étais constamment renvoyé pour cause de violence avec pour conséquences des convocations intermittentes à l'endroit de mon oncle par l'administration de l'école BAD d'Anonkoua 3 d'Abobo...

Après le programme d'évangélisation auquel j'avais participé, la vie avait suivi son cours normal. Un jour à l'école alors que nous étions en classe je fus abasourdi par un bruit strident que moi seul percevais. Le tintamarre était si percutant qu'il coupa mon audition du monde réel. Je n'entendais plus rien de tout ce qui se disait autour de moi. Je sortis de la classe précipitamment sans demander mon reste afin de mieux comprendre ce qui m'arrivait. Notre instituteur s'adressa à moi pour probablement me demander ce qui n'allait pas. Je n'y percevais rien et ne voyais que sa gesticulation. Je sortis alors de la classe pour me rendre à la maison où j'ai trainé cette surdité. Mon oncle qui était surpris de me voir rentrer plutôt que prévu se mit à me faire toutes sortes d'interrogations que je n'entendais d'ailleurs pas non plus. Je lui criai que je voulais rentrer à Bouaflé sur le champ. C'est cette envie qui se manifesta en moi. En réalité moi-même ne comprenais rien à ce qui m'arrivait. Je devins comme amnésique dans les minutes qui suivirent cet étourdissement et le trouble auditif qui s'en mêla. Pendant que je hurlais pour imposer ce souhait, lui plaidait pour me retenir. Il appela mon père au téléphone. Ce dernier ne comprenant rien à cette brusque volonté de ma part capitula et pria presque son frère de me laisser rentrer.

J'abandonnai ainsi la classe de CM2 cette année-là sans visibilité aucune. Une fois à Bouaflé le calme revint dans ma tête et je retrouvai tous mes sens.

Quelques mois après cet épisode je retrouvai la ville d'Abidjan où l'une de mes tantes Koné Obré Simone me recueillit auprès d'elle pour m'inscrire dans un collège privé. Je n'avais pas pu passer l'examen de l'entrée en sixième mais grâce à cette tante je pus retrouver le chemin de l'école avec un bon au collège. De la classe de 6ème à la 5ème les choses suivirent alors leur cours naturel.

Puis en 4è, pendant les cours, le même phénomène que je subis quand j'étais en classe de CM2 survint encore. Comme si une main invisible me tapait sur l'oreille, je fus déstabilisé d'un coup. J'étais abasourdi mais cette fois avec une voix perceptible : « *je suis l'Eternel ton Dieu, c'est moi qui t'ai choisi.* »

La voix était vraiment insupportable. Pour cette fois je ne tenais plus du tout. C'était comme si l'on me déposait des bagages d'un certain poids sur la tête, un fardeau insupportable. Tout, absolument tout était comme confus en moi et je ne savais où donner de la tête. Instinctivement, je déchirai mes vêtements, le cartable s'envola je ne sais plus dans quelle direction. Toute la classe était dans l'étonnement. Je rentrai sans aucune autre forme de procédure au domicile de ma tante. Mon allure, l'apparence que je présentais et la manière dont j'appuyai sur la sonnette firent dire au vigile que j'étais devenu fou. Ma tutrice accourut aux cris de ce dernier : Didier que se passe-t-il ? Qu'est ce qui t'arrive ? Ne cessa-t-elle de s'enquérir auprès de moi.

Je vais à Bouaflé ! Vociférai-je. Je vais à Bouaflé…

Elle me pria de patienter le temps qu'elle y voit un peu plus clair dans cette situation, et, profita d'un petit moment de répit pour me revêtir avec d'autres vêtements plus propres.

Cependant je persistais dans mon exigence : je dis que je vais à Bouaflé ! Envoyez-moi à Bouaflé !

Sur ce, je fus réexpédié chez mes parents. Ces faits commencèrent sérieusement à inquiéter mon père qui se posa beaucoup de questions. Une fois à Bouaflé encore, les choses se calmèrent à mon niveau.

Je continuai néanmoins à mener mes activités criminelles malgré cet incident.

Un soir, après le repas, je commençai à avoir d'étranges sensations au niveau de mon bas ventre. Quelques instants après ces sensations se muèrent en une douleur qui crût en intensité en une fraction de secondes. La douleur se déversa ensuite au niveau de mes gonades. Elle s'intensifia au point que je ne pouvais plus me relever. Sur quoi l'on me transporta à l'hôpital. Là-bas le diagnostic révéla que je souffrais d'une hernie ombilicale. Aussi ce mal me paralysa pendant deux semaines entières.

J'étais devenu impuissant ; face à la maladie, moi qui terrorisais les autres par ma violence. Moi le grand *Dollar Bill*, tout l'argent que j'avais volé ne m'avait servi qu'aux choses vaines. Mes parents démunis quoiqu'ayant opté pour les soins traditionnels ne trouvaient point la guérison pour moi. L'opération chirurgicale ? L'on devait l'oublier car hors de prix pour eux. Le ventre ballonné, les douleurs persistantes tant au niveau du ventre que de mes gonades, j'étais là, abandonné à mon propre sort. Toute cette puissance mystique devint caduque et inutile.

Mais gloire soit rendue au Seigneur Jésus Christ qui n'avait pas oublié sa promesse me concernant.

Dans ce même temps là le Seigneur se révéla à un homme de Dieu du nom de l'apôtre Koffi Koffi Fulbert qui servait au Centre Evangélique Bethel de Bouaflé. Dieu lui demanda à travers une révélation de se rendre dans notre cour avec toute la géolocalisation utile pour me retrouver : va dans telle maison à tel endroit, j'y ai mon serviteur, prie pour lui.

L'homme de Dieu parvint à retrouver notre domicile et trouva mon père dans la cour. Quand l'apôtre arriva dans la concession, j'étais couché à l'intérieur de la maison mais je l'entendis distinctement donner la raison de sa visite à mon père. Le serviteur de Dieu avait donné mon nom comme l'ayant reçu de Dieu. Ce dernier l'avait envoyé afin qu'il prie pour ma guérison selon lui. **Romains 5** :

8. Mais Dieu prouve son amour envers nous, en ce que, lorsque nous étions encore des pécheurs, Christ est mort pour nous.

En vérité ! Alléluia.

Mon père lui fit entendre avec le plus grand désintérêt que j'étais à l'intérieur. Il était certainement loin de croire en cette histoire. Moi-même qui avais suivi la conversation me dis en mon cœur : si je suis serviteur de Dieu pourquoi suis-je en train de souffrir de la sorte ? J'étais déjà tout énervé.

Cependant, l'objectif de Dieu était de me sortir de cette situation et se révéler à moi. L'apôtre se mit à prier avec vie. Les seuls mots que je perçus par la suite étaient « Au nom de Jésus ! ».

J'entendis comme le bruit d'une grande explosion. Etait-ce dans ma seule pensée ou était ce réel ? Tout compte fait, quand je repris mes sens le constat en disait long sur ce qui s'était passé pendant la séance de prière. J'étais tout nu comme un ver. Et, tout apparaissait sens dessus dessous dans la petite pièce. Sur mon corps, je constatai aussi plusieurs blessures par endroit. Néanmoins j'appréciais ce grand calme qui s'était imposé à présent. J'avais instantanément reçu également la guérison car ne sentant plus aucune douleur ni de ballonnement de ventre. C'est alors que je me rappelai que j'étais toujours en compagnie d'un étranger, le serviteur de Dieu qui était venu prier pour moi. J'eus honte sur le champ et saisit un morceau de pagne dont je me couvris.

Je t'invite le dimanche à l'église me lança l'homme de Dieu en prenant la peine de m'indiquer la localisation de l'église en question.

C'était à la fois des sentiments de honte, d'impuissance et d'émerveillement qui se bousculaient à présent dans ma tête. Après Larissa, personne ne m'avait autant humilié. Ce monsieur-là « m'avait tellement frappé » au point de me déshabiller de la sorte ? Non, il fallait que je cherche à savoir d'où il tirait sa puissance… Nous, nous avions besoin de beaucoup de concentration et d'invocations quand nous souhaitions manifester notre puissance. Mais lui, avait juste dit AU NOM DE JESUS pour me terrasser ! Je n'avais jamais vu une telle puissance…

Ma logique était constante : lorsque je rencontrais quelqu'un de plus fort que moi, je devais m'arranger à percer son mystère afin de supplanter cet adversaire J'étais encore perdu dans mes pensées quand l'homme de Dieu appela mon père pour demander à prendre congé de nous.

Je me rendis ce dimanche-là pour honorer l'invitation de cet homme. Ma piètre réputation m'avait précédé en ce lieu où plusieurs des fidèles présents me reconnaissaient comme un brigand. J'étais tristement célèbre dans la ville. Certaines personnes sortirent précipitamment du local présageant certainement que j'étais venu semer ma pagaille habituelle. D'autres restèrent tout de même avec crainte.

Ainsi débuta ma merveilleuse aventure avec le Seigneur Jésus Christ. Je l'acceptai comme Seigneur et sauveur personnel, me fis encadrer et baptiser dans les années 2005. Je retiens encore avec un sourire aux lèvres ce passage que l'homme de Dieu avait lu quand il vint prier pour ma guérison dans le livre de **Jean 1** :

12 Mais à tous ceux qui l'ont reçue, à ceux qui croient en son nom, elle a donné le pouvoir de devenir enfants de Dieu, lesquels sont nés,

13 non du sang, ni de la volonté de la chair, ni de la volonté de l'homme, mais de Dieu.

Ce qui m'intéressait au début dans cette portion des écritures, ce n'était pas le fait de devenir « enfant de Dieu ». Que non, c'était plutôt la notion de pouvoir. Toutes mes prières de nouveau converti ont été concentrées autour de ce sujet parce que je n'avais pas encore perdu l'habitude des prières incantatoires. J'étais loin de confesser que dans cet élan, c'était plutôt le pouvoir divin, l'authentique que je recherchais.

C'est quand je n'avais pas encore compris qu'il me fallait laisser, abandonner l'ancienne vie de brigand, de recherche effrénée de pouvoir de destruction.

Chapitre 4

Un début de conversion bouleversant

L'homme de Dieu qui avait prié pour ma guérison m'encadra méthodiquement, Je passais à présent le plus fort de mon temps à l'église auprès de l'apôtre Fulbert. Ce dernier, avec la patience du Saint Esprit consacra beaucoup de temps à m'enseigner et à m'édifier sur les choses qui concernent le Royaume de Dieu. La notion du péché que je n'avais pas encore bien assimilée fut l'un des points qui retint aussi mon attention. En fait, même si le changement était perceptible dans ma conduite je discernais difficilement tout le mal que j'avais semé autour de moi dans cette vie antérieure.

Au cours de l'une de mes lectures quotidiennes j'appris ainsi que « *le salaire du péché c'est la mort* ». **Romains 6 v23.** Je m'empressai alors de demander au pasteur quelles étaient les implications de ces paroles dans ma vie. Il m'affirma entre autres que tous ceux qui ne faisaient pas la volonté de Dieu sont considérés comme des pécheurs et sont potentiellement exposés à la condamnation éternelle. Il me cita ensuite comme on le ferait à un néophyte de façon basique un éventail de péchés comme les vols, les mensonges, le fétichisme et maraboutage, les pratiques mystiques, la délinquance, les impudicités et bien d'autres vices qu'il mentionna. Je compris alors que tout ce temps passé dans mon statut de brigand était parsemé de plusieurs de ces infractions spirituelles. Je compris combien de fois j'avais été exposé à ce jugement sans même m'en rendre compte.

Et je soupesai tout aussi bien l'amour que le Seigneur me témoignait au point de déléguer son serviteur pour me sortir de cette maladie qui m'emportait.

C'est seulement en ce moment-là que je rendis à l'apôtre le témoignage de mon expérience dans l'univers du fétichisme et du mysticisme. Je me confessai en toute sincérité. Il en tomba des nues et m'avoua avec calme et sérieux : le Seigneur Jésus Christ t'aime véritablement ; raison pour laquelle il t'a délivré car tu es son serviteur en réalité! A partir de maintenant il faudra plutôt mettre ta jeunesse au service de ce Dieu qui t'a choisi.

Je ne retrouvai plus l'arsenal que j'avais reçu des mains du *dieu du Bandama.* Celui-ci disparut le jour même où je fis ma confession de conversion. Le pasteur me demanda d'aller chercher ces éléments pour qu'il les détruise mais ils avaient tous disparu comme par enchantement ; disons de la même manière qu'ils étaient apparus.

Cet échange me remplit de tellement de joie et d'une paix profonde. J'appris aussi de la notion de la foi en Dieu qui pouvait nous donner un pouvoir supérieur à celui des mystiques. Ce pouvoir, contrairement à celui des agents du diable est très utile pour sauver et bâtir des vies au lieu de les détruire. Aussi l'homme de Dieu m'exhorta à ne compter que sur Dieu seul désormais.

La foi, disait-il, pouvait me faire produire de puissants miracles en lieu et place des pratiques mystiques qui ne me conduisaient qu'à faire du mal. Je retrouvais donc là un aspect sain de ce que j'avais le plus aimé dans le monde.

Ce que je ne tardai pas à pratiquer dans les temps qui suivirent.

A la maison mon père avait disposé une réserve de fagots de bois de chauffe. Une vipère avait fait de ce dépôt son gîte d'où elle sortait pour tuer les poulets de la maison. Un après-midi, j'aperçus le reptile qui s'apprêtait à mordre une poule. J'appelai mon père pour qu'il constate avec moi les faits et voir comment nous allions éliminer le serpent. Au même moment je me rappelai l'exhortation du pasteur au sujet de la foi. Alors, pendant que mon père vantait avec peur la dangerosité de la vipère, je déclarai avec fermeté : papa, le serpent que tu vois là est déjà mort. Il ne survivra pas parce que je le déclare mort !

Nous passâmes sous silence la scène puis arriva le lendemain où des acheteurs étant venus acheter le bois, mon père se souvint du serpent que nous vîmes la veille. Il cria aux acheteurs de faire attention parce qu'il y avait une vipère en dessous du bois. Je lui répliquai encore que c'en était fini pour le serpent en question et qu'il n'avait plus à le craindre. Effectivement quand ces gens ont ôté, tout le fagot, nous aperçûmes le serpent dans une position d'attaque mais raide mort ; le corps desséché jusqu'au coup. Seule sa tête présentait encore quelques signes d'une mort récente.

Mon père n'en revenait pas et me regarda avec un air de surprise. Quoique l'ayant déclaré le plus simplement possible, j'étais moi-même émerveillé par ce miracle. Je rendis plus tard avec enthousiasme ce témoignage à l'église devant toute l'assemblée. Le pasteur pour sa part compris qu'avec mon expérience que je lui avais contée du monde des ténèbres, il me fallait plutôt être encadré dans les voies du Seigneur. Ce qu'il continua sagement de faire avec beaucoup plus de disponibilité à mon endroit.

Toujours dans ces mêmes débuts de ma conversion, je m'apprêtais à aller au culte du soir quand je fus interpellé par des pleurs. C'étaient ceux de ma petite sœur Pascaline dont l'enfant avait été empoisonné. Le môme âgé d'un an présentait effectivement tous les signes d'un mort car son petit corps glacé s'était entièrement raidi. Mes parents qui commençaient à croire en ma nouvelle personnalité m'appelèrent pour me présenter la situation. En regardant mon petit neveu je confessai d'un hochement de tête que ce n'était pas normal.

Didier fais vite, pendant qu'il fait nuit nous allons enterrer le petit pour ne pas attirer le regard des gens m'interpella mon père.

Cette fois mes pensées furent systématiquement remuées par le souvenir d'une prédication qu'un homme de Dieu avait donnée à l'église. Son message concernait le passage de la Bible qui évoque la mort d'un fils unique d'une femme Sunamite.

Le prophète Elysée avait alors prié pour la résurrection cet enfant qu'il remit vivant par la suite à sa maman. **2 Rois 4 : 8-37**. Eh oui le zèle du nouveau converti… Je dois beaucoup à ce zèle qui nous a sorti d'une situation aussi confuse que celle que nous étions en train de vivre ; mes parents et moi en cet instant précis.

Je déclarai, animé de ce zèle que le petit n'était pas mort et qu'il n'allait pas mourir de cette manière. Je me dis en moi-même que ce que ce prophète avait fait en son temps, je le ferais également étant donné que nous avons le même Dieu en partage. Comme s'il pressentait mes intentions mon père me pria d'arrêter « mes mêmes histoires là » et qu'il ne fallait pas attirer les regards des voisins pour ensuite s'attirer des ennuis avec les autorités civiles.

Sans tenir compte de ses propos je commençai à adorer le Seigneur et à lui rendre grâce. J'entonnai ce chant qu'il m'avait inspiré personnellement :

J'ai vu l'Eternel, Il m'a tendu la main
J'ai vu l'Eternel, Il m'a tendu la main
Mon cœur me dit c'est lui qu'il me faut
Mon âme me dit c'est [de] lui dont j'ai besoin
L'esprit me convainc que c'est lui, Jésus oh oh oh…

Je continuai d'adorer le Seigneur et pendant que je le faisais, je posai mes mains sur les petites mains du bébé, puis j'appliquai ma bouche sur la sienne. J'implorai la grâce et la puissance de Dieu sur sa vie. Père, père si je suis vraiment ton serviteur, prouve le moi s'il te plait en redonnant vie à cet enfant. Je soufflai dans les narines de l'enfant et sentis une certaine chaleur qui s'en dégagea. Cette chaleur se propagea dans son petit corps en quelques secondes. Au même moment où je me relevais le petit éternua brusquement.

Ce fut l'émerveillement total dans la maison familiale. Mon père s'écria avec joie et fierté : il vient de faire un miracle, mon fils vient de ressusciter Daniel. Waouh quelle grâce ! Je jubilais d'une joie indescriptible. Je n'en revenais pas de me rendre compte que c'est par moi qu'un tel miracle venait de s'opérer.

Gloire soit rendue à Jésus Christ de Nazareth. Dans le monde des ténèbres j'avais constamment besoin de me bagarrer, de voir le sang couler avant de bénéficier d'une certaine satisfaction. En Jésus, que c'était merveilleux de juste chanter et glorifier Dieu pour le voir agir. En plus c'était pour faire du bien autour de soi. A partir de ce jour je renforçai ma décision de marcher pour toujours avec le

Seigneur. Aussi je rendis une fois de plus témoignage à l'église de cet autre miracle que je venais d'expérimenter.

Au vu de ces manifestations de l'esprit en moi, le pasteur décida de me faire intégrer le groupe de prières et d'intercession de l'église. C'était des preuves suffisantes de mon engagement avec le Seigneur puisqu'auparavant il était arrivé que ma volonté de me faire baptiser avait créé une division apparente dans l'assemblée. Certains prétextant de mes antécédents spirituels ne me trouvaient pas suffisamment prêt pour être reconnu comme membre à part entière de la communauté. D'autres à l'instar du pasteur par contre jugèrent sincère ma conversion et opportun ce baptême.

Aujourd'hui nous remarquons que le baptême devient de plus en plus une cérémonie complaisante dans l'église. C'est bien au contraire une décision personnelle tellement sérieuse qu'il ne faudrait pas que ni les prétendants ni les dirigeants d'église jouent avec. Aussi je comprends plus ou moins à présent ceux des fidèles qui s'opposaient à mon baptême si précipité.

Nous étions trente-huit membres dans ce groupe et moi je figurais sur la liste comme la trente huitième personne. Mes promotionnels de baptême sortirent de l'eau avec des cris d'onction et diverses manifestations corporelles attestant de la présence de l'esprit en eux. Quand arriva le tour du trente-septième frère, je me dis que je serais aussi sujet à ces manifestations puisque nous avions suivi la même formation.

Puis l'on me plongea dans l'eau après que j'ai confessé ma nouvelle foi. J'en ressortis sans aucun mouvement apparent ; aussi sereinement qu'on m'avait plongé dans les eaux. Par contre l'apôtre Fulbert et son collègue, l'apôtre Wodiabou Ernest qui m'avaient tenu de part et d'autre présentaient quelques difficultés à se tenir les pieds fermes dans l'eau. Ils tremblaient intensément sur eux et avaient du mal à quitter leur différent emplacement comme s'ils y étaient fixés par une main invisible. Les jeunes gens qui leur vinrent en aide décollèrent instantanément comme s'ils avaient été électrocutés. Quand je vis toute cette agitation des frères sous l'onction et pendant que moi-même paraissais impassible, je me mis à pleurer. Je me disais que la puissance diabolique ne m'avait point encore quitté malgré que j'eu participé à ce baptême. Mes autres frères en avaient profité et moi pas selon mon entendement et la lecture que je faisais de tout ce mouvement.

Pendant que nous étions tous à vivre cette atmosphère pour le moins ordinaire, l'homme de Dieu se mit à proclamer des paroles de connaissance. Il dit entre autres qu'il n'avait jamais assisté à une telle séance de baptême de toute sa vie de son ministère d'apôtre. Et que lorsque j'avais été plongé dans l'eau il a vu le ciel ouvert au-dessus de nous tous. Puis à mon endroit il lâcha : tu es un vrai serviteur de Dieu. Voici que dans les jours à venir tu feras trois songes ayant en réalité la même signification. Et il y aura des choses que tu comprendras de toi-même par la suite.

C'est plus tard, (exactement deux jours après le baptême) que je compris cette révélation qui n'était rien d'autre que les symboles du ministère auquel le Seigneur m'appelait.

Dans le premier songe que je fis à cet effet, j'étais de retour du marché de Bouaflé où j'étais allé acheter des oranges lorsque deux personnes firent irruption sur mon chemin. Ces personnes n'avaient pas l'air de plaisanter car elles étaient équipées d'un filet et d'une arme à feu. Les deux quidams m'intimèrent l'ordre de les suivre : nous sommes venus te chercher.

Me chercher pourquoi ? Je ne vous connais pas et donc je ne peux pas vous suivre, quittez ma route ; leur fis je savoir.

Eh bien parce que tu n'es pas des leurs. Tu dois nous suivre donc. L'autre plus excité fit dire à son acolyte que si je leur opposais une résistance, ils n'avaient qu'à me tirer dessus et me capturer pour m'emporter de force.

Sans plus tarder celui qui avait l'arme appuya sur la gâchette en me ciblant. Je plongeai par terre spontanément et au même instant je fus armé d'un fusil sorti de je ne sais où. Je leur rétorquai avec calme cependant que je n'étais pas meurtrier et que mon Dieu me commandait de ne point tuer : je ne me voyais pas par conséquent en train de les tuer.

Mais mes adversaires n'abdiquèrent pas pour autant. L'autre tira une fois de plus en ma direction. Cette fois ci, ma main s'affermit autour de l'arme que j'avais à disposition. Je répliquai par un tir au coup de feu de mes adversaires. Je les atteignis tous deux mortellement. Puis je vis que leurs corps se rompirent en d'infimes morceaux de chair humaine qui se transformèrent par la suite en des nains. Ces êtres se multiplièrent rapidement au point de devenir une multitude qui se mit à me poursuivre. Je ne pouvais plus continuer le combat en raison de leur nombre. Je pris donc mes jambes à mon cou pour échapper à ces envahisseurs. Je courais dans le songe sans relâche avec les fruits mais bientôt je fus très exténué. Arrivé à un certain endroit j'aperçus une grande lumière. Enfin me dis-je, je vais quitter la zone d'ombre. Cependant des personnes arrêtées au-delà de cette lumière m'interpellèrent vigoureusement pour me donner la direction à suivre : non ne vas pas dans cette direction, viens par ici… je vis un grand escalier que j'enjambai sans hésitation. Tout au bout de cette échelle je découvris une personne d'une certaine apparence assise sur une chaise avec dans sa main droite, une bible, et dans la main gauche une épée. Cette personne me tendit la bible. Au même instant je me réveillai. Je priai dans un élan de combat spirituel pour détruire tous ceux qui s'étaient levés contre moi au nom de Jésus.

Le lendemain je n'osai pas raconter ce songe à quelqu'un.

La même nuit de ce jour-là je fis le second songe. Cette fois c'est comme si je tenais la même bible qui m'avait été remise précédemment. Cette bible en main j'évangélisais dans un environnement de guerre militaro civile. Pendant que les belligérants se tiraient dessus, moi je continuais d'évangéliser. Même aux adversaires j'annonçais l'évangile. Il s'en trouva des soldats qui n'hésitèrent pas à tirer sur moi. Ce qui ne ralentissait pas mon élan.

Les coups de feu ne m'intimidaient aucunement et n'avaient aucun effet sur mon corps. C'est ainsi que je rentrai dans une grande forêt remplie de toutes sortes d'animaux et en particulier des reptiles de toutes espèces. Ces animaux ainsi que les belligérants de la guerre me poursuivirent dans cette forêt. Je courus une fois encore jusqu'à la lumière que je vis dans le songe précédent. Mais cette fois la lumière était encore plus intense. Un autre groupe de personnes me fit les interpellations que précédemment. Puis je parvins une seconde fois au personnage qui m'avait donné la bible. Cette fois elle me donna l'épée qui était dans sa main gauche. Ensuite je me réveillai et me mis encore à prier dans le même sens. Je ne comprenais pas vraiment ces songes.

Dans le troisième songe que je fis le jour suivant, c'est-à-dire le troisième successivement, nous étions en train d'aller évangéliser au marché moi et deux autres personnes : Alice et Isidore, du comité d'évangélisation. Et comme sortie de nulle part une panthère se mit à notre poursuite. Le frère et la sœur allèrent dans deux directions différentes. La panthère ne c'occupa pas de ces derniers mais se focalisa sur moi. Tout à coup des obstacles en forme de trous béants apparurent devant moi. Pendant que je me lamentais pour savoir comment j'allais m'en sortir, un tronc d'arbre apparut pour se poser sur les trous à chaque fois que je devais en traverser un. Tout à fait au bout de ce décor, une très forte lumière éclairait l'espace. Puis au bout de cinq à six trous, je fis encore la rencontre du personnage des deux premiers songes. Le personnage sourit en me voyant arriver. Il avait une couronne sur la tête puis tenait une autre couronne dans la main. Il plaça sur ma tête la couronne qu'il tenait à la main. Puis il me fit assoir sur une chaise. Du coup je me réveillai encore en sursaut. Je pris peur et me résolus à ne plus dormir seul depuis ce jour. Tôt le matin j'allai expliquer les songes au pasteur.

Ce dernier m'apprit en effet qu'il avait fait lui aussi trois songes similaires et successifs à mon sujet. Il me révéla que c'était une confirmation de l'appel au ministère du Seigneur. Il ajouta : Dieu te confie une grande mission et ce message que je te livre maintenant, je l'ai reçu depuis le premier jour où le Seigneur m'a envoyé prier pour toi.

Il continua pour m'expliquer en détail les différentes implications des éléments clés des trois songes à savoir les symboles clés du ministère :

- L'épée représente l'arme du combat pour la délivrance des âmes ;
- La Bible étant la parole de Dieu qui doit être la base de tout le ministère ;
- La couronne : la gloire de Dieu dans l'obéissance à sa volonté pour l'accomplissement de ma destinée…

C'est ainsi que mes pères décidèrent de m'envoyer en formation pastorale.

Dieu ne cessait de me surprendre. J'avais à présent opéré un revirement à 360° dans mon comportement. Le Seigneur me transformait chaque jour et à présent je ne faisais que manifester sa douceur et sa patience. Face aux provocations, face à toute adversité j'arrivais le plus facilement possible à garder mon sang froid et à révéler la nature du Christ en moi.

Ma plus grande tentation ou épreuve dans ce sens arriva un de ces jours où j'étais en pleine séance d'évangélisation. En effet assis derrière mon tam-tam qui me servait d'instrument de travail, je chantais des cantiques de louange à la gloire de Dieu lorsqu'arriva sur le site où j'étais, un ancien adversaire que j'avais copieusement battu. Il ne tarda pas à me défier pour me pousser à la bagarre. Certainement qu'il était allé renforcer ses pouvoirs et qu'il recherchait une occasion de revanche sur moi. Sans plus attendre, le type m'administra une de ces gifles que je garde encore en mémoire.

Je t'avais dit que nous allions nous retrouver un jour non ? Viens un peu par ici voir de quoi je suis devenu capable. Lève-toi et viens te battre si tu penses être un homme…

Il ne cessait d'enchainer les invectives. Les personnes présentes sur les lieux et qui connaissaient mon passé prirent peur et craignaient ma réaction. Cependant, très calmement je lui annonçai l'évangile avec la plus grande douceur en ces termes : Jésus t'aime mon frère, donne lui ta vie. Je ne suis plus la même personne. Quelle ne fut pas sa surprise de m'entendre lui répondre de la sorte.

Il fut désarmé sur le champ. Et, tout honteux il s'en retourna d'où il venait. C'est probablement depuis ce jour que certaines personnes ont été convaincues de ma réelle transformation. J'en ris encore aujourd'hui quand j'y pense. D'avoir encaissé une gifle sans réagir !

Jésus transforme véritablement bien aimés. Il est juste de constater que c'est nous-mêmes qui recherchons et embrassons par la convoitise les propositions du diable. C'est pourquoi je compare les deux univers spirituels et même les deux mondes que tout être humain côtoie à un marché. Il y a des vendeurs de différentes marchandises. Quand un acheteur arrive sur le marché il n'est attiré que par la marchandise qui lui plait. Autrement même si l'on lui fait des propositions attrayantes que cela ne lui convient pas ou qu'il n'en possède pas le budget approprié, il ne peut aucunement acheter cette marchandise.

Moi je vous vous conseille véritablement de soupeser votre réel besoin qui est le salut de votre âme afin d'aller à « l'étalage » du Seigneur Jésus Christ. Sa proposition est la meilleure sur le marché car elle est à la fois gratuite, source de paix et de stabilité de l'âme : l'âme c'est la quintessence de l'Homme. Si vous avez tout acheté sur ce marché et que rien parmi vos achats n'est pour le bien être de votre âme, vous aurez fait des achats inutiles voire nuisibles à votre propre vie.

Chapitre 6

Des persécutions pour mon bien

Sans hésitation j'avais répondu à l'appel de Dieu. Mais les persécutions ne tardèrent pas à se manifester comme pour éprouver ma nouvelle foi. Quoi de plus normal ? Dans le monde j'avais consacré et démontré toute ma fougue à Satan. J'ai souffert véritablement mais je comprends encore aujourd'hui que cela a été en bien pour moi. Dieu m'a fait passer par le feu et je lui en rends toute la gloire. Je pense et je crois que tout enfant de Dieu devrait accepter l'épreuve. Accepter l'épreuve et considérer les épreuves comme un tremplin pour sa croissance spirituelle et son rapprochement avec son Seigneur.

Quel enfant ne chercherait pas en effet à se blottir dans les bras protecteurs de son géniteur en cas d'agression par un plus fort que lui ?

Aussi Dieu, pour nous faire voir sa gloire ou nous amener à la maturité suscite parfois les persécutions ou des épreuves si vous préférez. Dieu peut utiliser n'importe qui dans ce cas pour éprouver le chrétien. Des membres de notre propre famille, notre pasteur, notre conjoint(e) peuvent tout aussi bien être des instruments de persécution utilisés par le Seigneur dans bien de cas.

En effet les épreuves et persécutions ainsi que le témoignage que l'on en tire sont un message à part entière que le ministre de Dieu est appelé à délivrer au sein de son assemblée. Si nous avons la parole de Dieu en nous il est clair qu'elle doit être manifestée à travers des actes de référence à l'image des récits bibliques car c'est du même Dieu qu'il est toujours question. **2 Timothée 3** :

12 Or, tous ceux qui veulent vivre pieusement en Jésus Christ seront persécutés.

Pour ma part, ces moments d'épreuves devaient certainement être proportionnels à la profondeur de l'amour que je portais désormais pour le Seigneur. J'étais devenu comme fou pour Jésus Christ. Je vivais dans l'église et prenais part à toutes les activités de la communauté.

Je me rappelle encore pour la toute première fois en juillet 2005 après mon baptême quand je dirigeais un culte du soir. Je sentis en moi une présence extraordinaire du Saint Esprit. Je fus même poussé à parler en une langue assimilable à l'arabe selon l'assistance de ce soir-là. Mais une présence pas possible ! Le peuple de Dieu était emporté dans cette visitation avec des guérisons de malades, des délivrances indescriptibles, plusieurs personnes furent baptisées dans le Saint Esprit du fait de cette onction. Ce fut une belle expérience que je ne suis pas prêt d'oublier bien aimés. Elle fut l'élément déclencheur de mon entière insertion par les dirigeants de l'église au rehaussement de la vie spirituelle de la communauté.

Même les dimanches l'on me programmait aussi à présent pour la direction du culte. Le mois suivant, l'homme de Dieu m'annonça un dimanche après le culte qu'il m'avait programmé à la prédication pour le mercredi suivant.

Une grosse frayeur mêlée d'une certaine panique me saisit sur le champ. Jusque-là tout ce que je savais et pouvais faire était de diriger un temps de prière. Mais pour ce qui est de la prédication, vraiment je me demandais ce que je pouvais bien trouver à dire durant une heure et demie à une assemblée qui serait là à m'écouter parler tout seul. Je ne pouvais non plus refuser cet exercice étant donné la confiance que mes pères plaçaient désormais en moi.

D'ailleurs pour moi ceci était un palier à franchir dans la formation, et donc qu'il me fallait m'y soumettre. Mais comment y parviendrais-je ? C'était la véritable question qui commençait à occuper toutes mes pensées dès lors. J'étais à la fois stressé et inquiet de savoir par quoi j'allais commencer quand je me retrouverais devant le peuple. Du dimanche au mercredi il n'y avait que deux jours.

Le lundi j'allai demander à mon père ce qu'il y avait lieu de faire parce que sérieusement je ne me trouvais pas capable d'y parvenir. Il me dit simplement de me référer au Saint Esprit. Tous les calculs y sont passés. Fallait-il recopier et retransmettre un ensemble des prédications que j'avais entendues jusqu'ici ?

Le mardi, je me rendis encore auprès de lui pour lui faire savoir que finalement je ne pouvais pas remplir la mission. Il me lâcha sans plus ni moins: laisse toi simplement conduire par le Saint Esprit.

L'après-midi du mercredi je me rendis auprès de lui pour lui faire les mêmes instances afin qu'une tierce personne prenne la prédication en charge. Là encore il m'affirma que lui était convaincu que le Seigneur avait un message fort à livrer au peuple par ma personne.

Puis vint afin l'heure du culte du soir. Le dirigeant du jour avait fini sa part quand le pasteur monta à la chaire pour prendre la parole. Je sentis un léger soulagement quand je le vis sur l'estrade avec l'idée qu'il avait compris mon inquiétude et que lui-même se chargerait de prêcher. Aujourd'hui nous allons recevoir « un homme de Dieu » qui nous exhortera de la part du Seigneur commença-t-il par dire. L'atmosphère devint pesante au même instant dans ma pensée. De qui d'autre parlait l'homme de Dieu puisqu'il n'y avait aucun serviteur de Dieu étranger parmi nous ce soir-là ? Puis il finit par dire dans son introduction : c'est notre fils, c'est l'appelé Lohourignon Didier, je vous demande d'acclamer le Seigneur pour sa vie.

Eh oui ! Le pasteur n'avait pas changé de position. J'eus juste envie de pleurer quand je l'entendis m'appeler. D'un pas hésitant je le rejoignis malgré moi à l'autel.

Je commençai à trembler sur moi-même quand l'apôtre me laissa sur place. Alléluia ! Alléluia ! Alléluia… ! Je n'en finissais pas avec ce mot quand je me rendis compte que j'étais là pour prêcher et non pour juste haranguer l'auditoire. Le peuple attendait le message du jour. Je m'en rendis bien compte. Puis je ne sais, par quelle grâce j'orientai le début de mon temps d'intervention dans un moment d'adoration. Tout en sollicitant le groupe de louange pour me suivre dans mon élan, j'entonnai le cantique qui dit :

Seigneur j'élève Ton nom
Seigneur je célèbre Ta bonté
Quelle joie Tu vies en moi
Quelle joie Tu viens pour nous sauver

Tu viens du ciel sur la Terre
Montrer la voie
De la Terre à la croix
Payer le prix
De la croix jusqu'au tombeau
Et du tombeau jusqu'au ciel
Seigneur j'élève Ton nom

Pendant que le groupe de louange avait pris le relais musical et que le peuple de Dieu tout entier était emballé par cette adoration, je profitai tactiquement pour m'approcher du pasteur pour lui dire : papa vraiment je ne peux pas aller plus loin. Je manquais à la fois d'assurance et de connaissance en effet ; et, n'avais aucune idée de ce que pouvait être l'objet de ma prédication.

Reste en esprit, reste juste en esprit; me recommanda fermement le pasteur.

Je n'avais plus d'autre choix que de continuer à conduire ce moment-là. Aussi me concentrai-je sur le cantique que je repris de plus bel avec les chantres. Alors que je commençais moi-même à être emporté par ce chant et à adorer Dieu, j'entendis distinctement comme le thème du soir m'être révélé par le Saint Esprit : l'onction fait la différence.

Je continuai davantage à chanter avec conviction. J'avais l'assurance à présent que je pouvais y arriver avec ce guide invisible. La même voix m'indiqua par la suite un passage biblique pour la circonstance. Il me dit : prend le livre des Actes des apôtres au chapitre 1 à partir du verset 8. Puis il me dit encore de prendre également le deuxième en Actes 2 à partir du verset 1. J'étais à présent en extase, plus que jamais disposé à recevoir les autres instructions pour délivrer le message et édifier le peuple de Dieu.

C'est à partir de cette expérience que j'ai compris que les messages que les hommes de Dieu délivrent proviennent essentiellement de deux sources : l'une des sources est la connaissance théologique et l'autre est l'inspiration spontanée du Saint Esprit. Mais le message inspiré de Dieu n'a rien de comparable avec celui qui provient de la connaissance humaine. Il est d'une efficacité et d'une force sans faille. C'est pourquoi il est préférable pour un prédicateur de se laisser conduire par le Saint Esprit. Le message basé sur la connaissance humaine peut certainement édifier le prédicateur mais peut ne pas répondre aux besoins spécifiques du moment que le Saint Esprit prend lui-même soin d'identifier.

J'ai commencé par la suite à faire des déclarations selon le Saint Esprit ; suivies d'un temps de ministère selon que le Seigneur me conduisit. Puis plus calmement, je demandai à ce que tout le monde reprenne son siège. C'est alors que j'entamai l'exhortation en allant puiser dans les écritures à travers les passages qui m'avaient été indiqués.

Le pasteur principal m'aida dans la lecture biblique étant certainement rassuré que quelque chose de bien se passait pour le peuple de Dieu. L'essentiel de mon message du soir fut focalisé sur la différence entre l'onction du Saint Esprit et la puissance que confèrent les agents du diable. Ce message était venu à juste titre pour l'auditoire de comprendre que certes dans le monde j'avais joui d'un pouvoir diabolique qui ne m'avait servi qu'à m'auto détruire et à détruire les personnes autour de moi. Certes Satan avait introduit en moi «son onction » et s'était servi de moi pour manifester sa volonté mais l'onction de Dieu était en moi désormais pour marquer la différence d'avec la puissance des ténèbres. « L'onction fait la différence », tel fut le thème de mon premier message dans le ministère ce soir-là.

J'étais tellement heureux d'avoir relevé le défi. Je ne sais pas si je pouvais arriver à rendre le même message si l'on me le redemandait. Tous m'encouragèrent et furent étonnés de cet exploit. L'apôtre Fulbert m'appela de côté et me dit : tu vois je t'ai demandé de faire confiance au Saint Esprit. C'est ce qu'on appelle une formation. Dieu veut aller loin avec toi, que le Seigneur te bénisse.

C'est alors qu'il écrivit ma lettre de recommandation pour m'envoyer en formation. Ma demande ayant été acceptée, je fus envoyé à Yamoussoukro à l'école pastorale en 2006.

Bien avant l'entame de cette formation, vers la fin de l'année 2005, je m'apprêtais pour aller au culte du soir quand je vécus une autre expérience avec le Seigneur. Pendant que j'étais dans la douche pour un bain, je glissai et tombai. Je ne savais pas où je me suis retrouvé par la suite. Mais je me vis en train de marcher dans le noir sans vraiment savoir où j'allais. Quand je me réveillai, c'est ma mère auprès de moi qui m'apprit que cela faisait quatre jours que je dormais. Et que les gens m'avaient déclaré mort. Un pasteur du nom de Tanoh qui avait dit que Dieu voulait me parler avait prié pour moi avant que je revienne à la vie. Dieu me révélait effectivement que c'était la voie dans laquelle je m'étais engagé à travers la vie que je menais auparavant : un tunnel de l'enfer. Je partais directement en enfer, mais le Seigneur ne permit pas que j'aille plus loin dans cette voie ténébreuse. C'était aussi d'autre part, une suite des songes dans lesquels j'étais sujet aux réclamations du diable dont les agents me poursuivirent précédemment. A partir de ce jour, je me repentis davantage et m'investis encore plus dans l'œuvre de Dieu par la multiplication des séances d'évangélisation.

C'est ce zèle renforcé qui favorisa certainement la séquence des épreuves et persécutions qui se déclencha par la suite dans mon nouveau statut de chrétien. Une période pendant laquelle avoir de quoi à manger même relevait d'un casse-tête chinois pour moi.

Ce n'est pas que la nourriture manquait au domicile familial où j'étais revenu après un séjour auprès du pasteur à l'église. J'avais en perspective d'installer une cellule de prière à la maison. Ce qui ne m'empêchait pas d'accompagner mon père dans ses activités et notamment dans les travaux champêtres desquels nous nous approvisionnions en vivres. Mais lorsque je revenais de l'évangélisation ou de quelque autre activité liée à l'église, mon propre père intimait l'ordre à ma mère et à mes frères de ne pas me donner à manger. C'était un temps où Dieu voulait que je compte sur le Seigneur seul de façon absolue. Aussi endurcit-il le cœur de mon géniteur.

Un jour, mon père me fit assoir dans ce même temps là pour un échange en tête à tête.

- Toi là, dis-moi quelque chose : qui suis-je pour toi? commença-t-il par me demander.
- C'est toi mon père lui fis je en toute sérénité.
- C'est moi ton père. N'est-ce pas ?
- Oui papa.
- Dis-moi donc… Si je suis ton père, alors dans la bible que vous lisez, la bible que vous prêchez là, n'est-il pas écrit que les enfants doivent obéir à leurs parents ?

- Si papa, mais la bible demande aux enfants d'obéir aux parents selon le Seigneur…
- Tu passes tout ton temps à l'église, tu ne fais rien à la maison. Tu dis que tu veux devenir pasteur, tu es tantôt ici tantôt là… la plantation là tu n'y mets plus pieds…
- Mais…Papa… !
- Non ! m'interrompit-il sèchement.

Je n'eus pas le temps de placer un seul mot. Il ne mit pas longtemps à me révéler ses intentions :

- Tu sais ces histoires de Jésus là ce n'est pas de ton âge. Mon fils tu es encore très jeune et as de l'avenir. Il te faut continuer tes études.

Je comprenais combien de fois le diable pouvait être subtile et manipulateur. Pendant toutes ces années que j'ai passées dans la délinquance, à sécher les cours et à mener la vie que je voulais, mon père ne s'était aucunement inquiété de mon avenir. Maintenant que j'affichais mon ambition de servir Dieu, il semblait se mettre en soucis pour moi. Mais tout ceci n'était qu'une mise en scène. Si le diable est malin, le Seigneur est véridique quand il affirme qu'il est venu mettre la division entre le père et le fils. Ou encore que celui qui veut le suivre se charge de sa propre croix.

Mon choix de suivre Jésus Christ ne m'avait pas éloigné de mon éthique, du respect que je vouais à mes ainés et en particulier à mes parents.

Aussi je ne manquais pas d'aider mes géniteurs dans les travaux champêtres. J'avais pris l'habitude de consacrer mes jours libres (quand il n'y avait pas de programme à l'église) à accompagner mon père au champ. Je lui donnais l'aide nécessaire en son temps. Malgré les miracles auxquels il avait assisté, miracles que le Seigneur avait opéré au travers moi, le cœur de mon géniteur fut endurci à ce tournant précis de ma marche avec le Seigneur. Le diable avait certainement espéré mon refroidissement par ces persécutions.

Quand je passais le temps à la prière et que je rentrais tardivement la porte m'était hermétiquement fermée. Je passais la nuit dehors à la belle étoile sous le hangar de la cour familiale. C'est mon même père qui ouvrait tôt le matin pour me demander hypocritement si c'est à cet endroit que j'avais dormi. Je lui répondais par l'affirmatif, puis nous prenions ensemble le chemin de la brousse. Tant que nous pouvions être ainsi ensemble à vaquer aux travaux champêtres, mon père affichait une mine très gaie et semblait content de moi. Il oubliait en ce moment même les aspects d'études me concernant.

Mais toutes les fois que je lui parlais de prière ou de programmes d'évangélisation le ton changeait drastiquement. Je compris alors que ce n'était pas le fait que j'ai arrêté d'aller à l'école qui était le problème mais plutôt mon choix de servir Jésus Christ.

Les mercredis par exemple à cause du culte du soir je m'arrangeais à quitter la plantation à quatorze heures afin de pouvoir m'apprêter et assister à la prière. Ce qui ne manquait pas d'attiser la colère de mon père. Pourquoi me disait-il, je n'attendais pas de rentrer avec tout le monde à dix-sept heures et je les abandonnais trois heures avant ?

Cependant sachant la tournure qu'allait prendre ces histoires je m'arrangeais particulièrement les mercredis pour être au champ avant tout le monde. J'ai pensé un moment que cette disposition allait contenter mon père. Que non, mon « *histoire de Jésus* » là commençait sérieusement à l'indisposer. Il me traitait à présent d'impoli et tout ce qui est mauvais qui lui passait par la tête.

Une autre fois mon père me fit encore assoir à nouveau pour me faire cette proposition : entre ton Jésus et moi tu choisis qui ?

Je lui répondis calmement : tu es mon père biologique mais Jésus c'est mon père céleste. Si tu veux papa tu es mon tuteur mais c'est Jésus qui est mon père. Jésus m'a fait passer par toi pour que tu me donnes une éducation mais mon avenir et ma destinée dépendent de Jésus Christ seul papa. Jésus dit de le servir et c'est ce que je fais.

Cette dernière réponse mit mon père hors de lui. Il se précipita dans la chambre ramassa mes quelques affaires puis les jeta hors de la maison.

Je te renie à partir d'aujourd'hui. Tu n'es plus mon enfant me lança-t-il tout furieux.

Pendant que mon père s'acharnait à me mettre dehors, je ressentais en mon fort intérieur une certaine joie. Pour moi je serais désormais libre de mes mouvements. Libre d'aller où je veux pour servir Dieu sans toutefois avoir à rendre compte à mon père. Je me rappelai aussi cette parole du Seigneur qui disait que si les persécutions avaient été perpétrées à l'encontre de lui le bois vert, qu'en serait-il du bois sec qu'étaient ses disciples ? Cette parole me réconfortait à plus d'un titre.

Aussi je ramassai mes bagages et allai m'assoir au temple avec. Je me rendis par la suite au bureau du pasteur pour lui annoncer que mon papa venait de me chasser de la maison et que j'avais besoin de dormir chez lui. L'homme de Dieu me regarda droit dans les yeux et me lança : Tu penses qu'ici chez moi c'est une auberge ?

Oui vous avez bien lu bien aimés. Celui par qui Dieu était passé pour faire ma délivrance…. celui qui avait attesté que j'étais un grand serviteur de Dieu en perspectives, celui-là même qui n'avait eu de cesse d'afficher sa fierté pour son fils spirituel que je suis… Mon pasteur que je considérais tant venait de me rabrouer. A vrai dire dans mon entendement tout le monde pouvait me faire ce coup là sauf lui.

Encore sous l'effet de la surprise et de la déception je me rendis chez l'un des diacres de la communauté où j'espérais encore trouver une oreille attentive à mon problème du moment : trouver un toit d'accueil.

Ah tonton, mon papa m'a mis dehors… tentai je d'expliquer à ce dernier. J'étais loin de m'imaginer qu'une mauvaise surprise m'attendait encore de ce côté.

Votre esprit de sorcellerie qui vous anime là, ne viens pas le manifester ici chez moi pour me contaminer avec hein petit ! Ici n'est pas un orphelinat.

Un autre rejet s'était manifesté en cette seule journée à mon encontre. Pour autant je ne me lassai pas de chercher toujours auprès des dirigeants de ma communauté.

Je me rendis enfin chez le responsable de notre groupe de louange. Ce dernier me ferma sa porte au nez net. Malgré ce que j'avais entrepris de lui expliquer comme difficultés, il ne daigna même pas m'écouter. C'était le comble ! Le Seigneur avait tous endurci leur cœur.

N'en pouvant plus je me résolus à me gérer comme je pouvais. Ainsi je pris mes bagages et marchai jusque dans une petite parcelle où j'avais entrepris de faire une petite plantation de manioc.

C'est ce même terrain qui abrite aujourd'hui le bâtiment en construction de notre ministère. Ce terrain se trouvait à l'écart de la ville en son temps. Il était vingt-deux heures quand je me décidai à me retirer dans la plantation où je passai cette première nuit. Le lendemain je me servis de palmes et de quelques troncs d'arbre pour me confectionner un abri de fortune.

Puis, le jour suivant, je me rendis en ville où je me trouvai une nouvelle activité qui consistait à pousser les charrettes afin de me faire un peu d'argent et avoir de quoi à manger.

Par ailleurs, toutes ces difficultés n'altérèrent en rien à mon amour pour le Seigneur et à ma farouche volonté de le servir. Je demeurai assidu aux programmes de l'église et tâchai de m'occuper tant bien que mal comme par le passé des tâches que je pouvais gérer à l'église.

Personne dans l'église et même pas ma mère ne savait d'où je venais à l'église pour partager les cultes avec eux. J'avais néanmoins l'impression que la plupart des prédications étaient portées sur moi ou alors m'indexaient carrément.

Je n'en fis aucunement un problème car je savais d'où le Seigneur m'avait enlevé. J'étais d'ailleurs plus conscient que tous de mon nouveau statut et me devais de persévérer pour le préserver. Il me fallait continuer…

C'est ainsi qu'un jour le pasteur ayant constaté que ma foi n'était point altérée, décida de m'envoyer en formation. Selon lui cette formation devait se tenir en trois ans au minimum. Soit de la fin 2005 à la fin 2008. Pour se faire, il me recommanda auprès de l'évangéliste Konan Antoine du Centre Evangélique Béthel de Yamoussoukro. C'est lui me dit-il, qui va t'encadrer et te former pour la suite de ton ministère.

Chapitre 7

Formé comme un soldat pour Dieu

Le jour où j'arrivai dans cette ville dans la cour pastorale, j'appris que l'homme de Dieu était sorti en voiture. Quand son épouse lui annonça ma venue au téléphone en tant que l'appelé qu'il attendait ce jour, il intima l'ordre à cette dernière de ne pas me laisser entrer jusqu'à ce que lui-même revienne à la maison. J'attendis donc à l'extérieur de la cour, auprès du temple avec mes affaires le serviteur de Dieu qui s'amena finalement aux environs de vingt et une heures.

Une fois au portail de la cour, il me dépassa et se dirigea à l'intérieur de la maison. Sa femme qui avait suivi le mouvement l'interpella et lui dit en substance : Papa, c'est l'appelé qui devait venir qui est là derrière toi.

L'homme de Dieu jeta un regard en arrière dans ma direction, puis me fixant droit dans les yeux me demanda : Est-ce que tu es prêt ?

Je lui répondis oui papa je suis prêt.

Il répondit « d'accord » ; puis regagna la maison. Lors de ce court échange le visage de l'homme de Dieu ne me laissa transparaitre aucune expression. Ni de compassion, ni de colère encore moins de sympathie. Rien !

La dame fit ensuite savoir à son mari que cela faisait des heures que j'attendais et que depuis mon arrivée je n'avais rien mangé. C'est alors qu'il demanda qu'on range mes affaires dans une pièce de la maison qui faisait office de magasin. Il passa à table sans même tenir compte de moi. Encore que j'étais toujours à la porte où sa femme me servit du riz. Je n'avais pas encore reçu l'autorisation d'entrer dans la maison. Nous avions tous deux fini de manger chacun dans sa position respective quand son épouse lui fit encore savoir que je n'avais toujours pas reçu un emplacement pour ma couchette. L'évangéliste appela un de ses protégés (l'un des appelés) de l'intérieur de sa chambre et lui demanda de m'apporter une natte. Il me montra une autre pièce et me demanda : tu vois là ? Je répondis par l'affirmatif.

Ok, dit-il, c'est là que tu vas dormir.

La pièce en question n'était rien d'autre que les toilettes de la maison. Quand même celles-ci étaient spacieuses, elles étaient tout de même utilisées par les habitants de la maison.

A l'aide de la javel et d'une serpillière que ma tutrice me remit je nettoyai proprement les toilettes puis installai ma natte. Avec la fatigue accumulée due au voyage et à la longue attente de l'après-midi je ne tardai pas à m'endormir. Seulement ce petit temps de répit ne dura pas plus d'une heure. Les autres appelés au nombre de quinze, qui étaient tous en formation chez le pasteur, avaient en partage ces mêmes toilettes. Aussi à chacun de leur soulagement, je devais me lever et quitter la pièce pour l'intégrer après qu'ils aient fini. Lors de cette première nuit je compris que mon séjour ne serait pas de tout repos.

Quinze personnes qui devaient défiler pour se soulager juste là dans cette pièce qui me servirait de dortoir. Certains venaient faire pipi pendant que d'autres y rentraient pour autre chose. Il arrivait même que parmi eux des gens n'évacuent pas leurs déchets. Etait-ce une consigne qu'ils avaient reçue de l'évangéliste ? Je n'en savais rien du tout. Je devais subir tout simplement ces caprices jusqu'au petit matin.

C'est à l'entame de la matinée, que mon tuteur pris enfin le temps de me demander l'objet de ma présence. Je le lui annonçai à l'aide de la lettre de recommandation que je lui tendis de la part de l'apôtre Fulbert.

Il me fit savoir qu'il avait bien compris le contenu de cette lettre et me demanda si j'avais une idée de la durée de mon séjour chez lui. Je lui répondis par la négative.

Bon, le temps nous le dira fit il savoir. Puis il m'énuméra un certain nombre de règles et de principes auxquels je devais me soumettre. Je ne devais entre autres pas me permettre de dormir avant lui. Aussi je devais me réveiller chaque jour avant lui. Le matin je devais donc me pointer devant la porte de sa chambre pour le réveiller à cinq heures. Nous priions pendant 01 heure alors que lui était dans sa pièce et moi devant la porte fermée. A six heures, nous nous retrouvions tous au temple avec les autres appelés pour une séance plénière de prières.

Son heure du coucher était à vingt-deux heures. Dès lors, je devais patienter jusqu'à ce qu'il me donne le signal avant que je me retire dans mes toilettes de dortoir. Souvent je me surprenais à somnoler pendant que mon tuteur faisait sa méditation biblique. Je me réveillais alors en sursaut de peur qu'il ne me surprenne lui-même. Là encore je devais subir les allées et venues de mes condisciples. L'astuce que je trouvai entre temps fut de mettre mon temps à profit pour prier quand les défilés des uns et des autres finissaient par m'arracher le sommeil.

Je finis par accumuler une grosse fatigue en plus du manque de sommeil. Ce qui me fit tomber malade. Je souffrais d'un paludisme aigu. Un de ces mercredis, nous avions culte du soir. Dans l'après-midi, alors que l'évangéliste Konan voyait bien l'état dans lequel j'étais, cela ne l'empêcha pas de me demander de soulever les appareils pour les envoyer sur le site de la prière. Il me chargea d'aller faire aussi le câblage de la sonorisation. J'étais pâle et frêle à la fois. Son épouse tenta de lui faire savoir que je ne me portais pas bien et qu'elle lui proposait de choisir quelqu'un d'autre à ma place. Cette proposition énerva l'homme de Dieu :

sorcière, tu veux gâcher ma formation ! Qui t'a envoyée ? Lança-t-il durement et d'un ton méchant à sa femme.

J'avais bien entendu le pasteur traiter sa propre épouse de sorcière alors que celle-ci, comprenant ma peine ne cherchait qu'à me sortir d'affaire. Je n'avais donc pas d'autre choix que de m'exécuter car qu'en adviendrait-il de moi si j'osais m'opposer aux ordres de mon formateur ?

Après que je me sois arrangé pour faire la mise en place il me fut encore demandé de me tenir debout auprès de l'homme de Dieu tout le temps que durerait sa prédication du soir. Eh oui cette formation s'apparentait vraisemblablement à une formation militaire. Mais j'étais déterminé et avais l'assurance que tout ce qui m'arrivait concourrait à mon propre bien.

Très souvent, notre formateur nous envoyait par groupuscule de deux à trois personnes afin de prier pour des personnes là où l'on le sollicitait lui-même. Quand cela arrivait, l'homme de Dieu chronométrait notre temps d'intervention depuis le domicile pastoral. Entre temps, il ne nous remettait aucun sous en guise de frais de transport. Nous devions donc nous arranger à être dans le temps.

Pour ceux qui connaissent Yamoussoukro, notre formateur pouvait nous donner par exemple 30 minutes pour aller du quartier *Millionnaire* au quartier *Morofé* d'une distance considérable.

Quand nous finissions de prier pour les personnes, il nous arrivait parfois de recevoir des offrandes en guise de reconnaissance. Une fois l'un de mes compagnons m'incita à utiliser l'une de ces offrandes afin de payer notre transport retour. Ce que je refusai en lui disant que cet argent n'était pas à nous mais qu'il revenait à notre mandant. Je faisais bien effectivement de refuser cette proposition. En réalité, l'homme de Dieu, lorsque nous quittions les personnes auprès de qui il nous envoyait, ne manquait pas de s'enquérir auprès d'elles pour avoir un point de tout ce qui s'était passé. Il recevait alors même le montant des offrandes que l'on nous avait faites. Une fois auprès de lui, nous lui remettions cet argent. Pourtant il nous réprimandait constamment au sujet des offrandes. Comme quoi, il ne nous avait pas demandé d'accepter l'argent de ceux pour qui nous priions. Or, notre formateur prenait cet argent et le mettait de côté.

Je passai un peu plus de deux ans dans cette atmosphère de rigueur et d'endurance. Pratiquement trois ans à dormir dans des toilettes et à subir toutes sortes de brimades. Ce fut l'un de mes temps de brisement et d'épreuve que je n'oublierai jamais. En plus de ceux de mes condisciples que j'ai trouvés sur place, nous étions seize personnes. Cependant nous restâmes trois personnes préposées au ministère pastoral sur les seize. Au bout de cette formation de trois ans, seules trois personnes avaient pu tenir. Les autres avaient simplement désisté et étaient rentrés chez eux : moi et mes collègues Akoto et Urbain, un appelé qui était nouvellement arrivé parmi nous.

Puis vint enfin le temps de notre consécration. L'évangéliste Konan pria pour les deux autres avant de me faire approcher. Il m'imposa les mains pria intensément pour moi et m'oignit la tête d'huile. Pendant qu'il priait, il se mit subitement à sangloter.

Je n'ai jamais vu pareille humilité, lâcha-t-il à mon endroit.

Toute l'assistance fut émue quand il leur raconta les épreuves par lesquelles il m'avait fait passer avant ce jour et quelle attitude j'avais constamment affichée face à ces épreuves. Après avoir fini de prier pour moi, il sortit une enveloppe qui renfermait selon ses termes un cadeau. Il s'agissait de toutes les offrandes que j'avais reçues lors des prières pour les gens auprès de qui l'homme de Dieu m'avait envoyé. Il avait mis de côté chaque offrande et les avait soigneusement accumulées pour ce jour : je n'ai pas dépensé cet argent. Je voudrais te l'offrir aujourd'hui comme un cadeau pour t'accompagner dans ton ministère. Puisse ton Dieu te bénir et t'ouvrir les écluses des cieux.

Il me remit donc l'enveloppe d'un montant d'environ 320 mille francs CFA.

Ainsi prit fin ma première séance de formation auprès de l'évangéliste Konan à Yamoussoukro. En réalité lorsque ce dernier avait reçu mon témoignage et la demande de ma formation, il avait savamment mis en place sa stratégie pour travailler mon caractère. C'était d'ailleurs dans ce domaine qu'il excellait dans la formation des appelés qui arrivaient chez lui.

Je devais aller sur mon premier champ missionnaire après cette formation. Cependant mon père spirituel me repris à nouveau pour m'envoyer auprès du pasteur Clotaire du même Centre Evangélique Bethel mais cette fois à Bouaké.

Ce dernier était doté d'un don de sagesse et était censé aussi apporter sa pierre à l'édifice de ma formation. Je ne passai pas suffisamment de temps chez lui. Il trouva que j'étais déjà prêt à aller sur un champ de mission. Je passai juste six mois chez lui et il me libéra.

L'église Bethel m'envoya pour ma première mission à Garango dans une localité de Bouaflé ou j'exerçai pour la première fois en tant que pasteur. Mon prédécesseur qui avait travaillé avant moi n'avait réussi qu'à réunir une communauté de dix-sept membres alors que je l'y retrouvais dans sa cinquième année pastorale. J'allai donc en soutien en tant que pasteur assistant.

Je commençai par réorganiser les séances de prières et d'évangéliser. Le nombre de fidèles se mit à croitre rapidement. Et au bout d'un mois nous passâmes à 25 fidèles puis à 130 membres trois mois plus tard.

La localité, il faut le reconnaitre, était peuplée par des baoulés, et des allogènes burkinabé *boussanga* qui sont foncièrement cultivateurs. Ils consacraient le plus clair de leur temps aux travaux champêtres. On affecta mon pasteur principal pour m'envoyer un assistant. Je devins par conséquent le principal et l'œuvre devenait de plus en plus passionnante.

Cependant mon nouvel assistant cachait des intentions que j'ai ignorées jusqu'à ce jour. En complicité avec un responsable national de l'église, il prenait le temps d'envoyer des contre rapports aux points mensuels que je faisais aux instances supérieures de notre communauté. Suite à ces dissensions l'on m'enleva de ce lieu pour me muter sur un autre champ à *Ndenou Yowlê*. De là je fus établi à Bouaké sur la grande église. Après quoi je revins sur le champ missionnaire de Yamoussoukro où il m'était assigné la mission d'ouvrir une église. C'est sur ce champ que les dirigeants de l'église m'informèrent de la fin de ma mission au sein de la communauté Béthel. Le temps était venu pour moi de me consacrer à mon propre ministère.

De toutes les façons j'avais été formé comme un soldat de Christ et étais prêt à affronter le terrain en solo, bien entendu avec l'aide du Saint Esprit.

De l'auteur

Né d'une famille conservatrice méthodiste, Dieudonné DOGO est un ancien membre actif de l'Association Chrétienne des Elèves et Etudiants Protestants de Côte d'Ivoire (ACEEPCI) qui s'est réellement converti au Seigneur Jésus Christ en 2000. C'est en 2003 qu'il va se faire baptiser d'eau à l'église évangélique internationale foursquare de Côte d'Ivoire, au sein de l'assemblée locale de Marcory.

Passionné par l'œuvre de Dieu en général et l'évangélisation de masse en particulier, Dieudonné DOGO a occupé différentes responsabilités au sein de la jeunesse Foursquare tant sur le plan local que national pendant qu'il est resté pour de nombreuses années membre et responsable du groupe de louange de son église locale.

La vision de la collection « Sauvés pour témoigner » lui a été inspirée lors d'une croisade d'évangélisation à Mouyassué (dans le département d'Aboisso) à laquelle il participait d'ailleurs en tant qu'instrumentiste en septembre 2021. C'est au cours de cette croisade qu'il fit la rencontre du prophète Elisée Lohourignon avec lequel il a entrepris de mettre au grand jour ce premier témoignage. L'objectif étant de s'appuyer sur les conversions peu ordinaires des chrétiens contemporains en vue de participer au mouvement d'évangélisation et gagner des âmes au Seigneur Jésus Christ.

Dieudonné DOGO, est de formation un communicateur, entrepreneur et titulaire d'une maîtrise en Communication et Science du Langage de l'Université de Bouaké. Il est aussi un ancien du Centre de Recherche en Communication de l'Université d'Abidjan Cocody. Il est marié et père de 03 enfants.

De l'ouvrage

De la vengeance au Christ est le premier ouvrage d'une série de témoignages de transformation à la gloire du Dieu Tout Puissant et faisant partie de la Collection Sauvés pour Témoigner.

C'est l'histoire vraie de l'actuel Prophète Lohourignon Elisée, présentement en exercice à Bouaflé et président fondateur de l'Eglise Evangélique des Elus de Christ.

Didier (de son prénom originel) est alors âgé de huit ans et en classe de CE2 lorsqu'au cours d'une activité extrascolaire, un de ses camarades de classe le blesse à la tête à l'aide d'une daba. Cette blessure accidentelle va occasionner chez le gamin un désir malsain de vengeance et une haine viscérale envers son agresseur. Prêt à tout pour parvenir à ses fins, le diable va mettre sur son chemin un vieux féticheur Voodoo béninois qui l'initie aux pratiques occultes. Non sans l'avoir soumis au préalable à une épreuve pour le moins inadmissible : passer trois nuits à jeûne seul dans le cimetière de la ville et 07 autres nuits au bord du fleuve Bandama qui jouxte la ville de Bouaflé. C'est au cours de cette dernière épreuve que l'esprit dominant de la localité apparaît au gamin et lui transmet les rudiments de son initiation.

Transformé plus tard en un redoutable loubard à dix ans, Didier sèmera la terreur autour de lui en commettant toutes sortes de méfaits. C'est finalement au cours d'une croisade d'évangélisation à laquelle il participait malgré lui qu'il reçut pour la première fois l'appel à servir Dieu. Le Seigneur finit par le briser, le transformer avant de le conduire à la conversion à Jésus Christ.

Printed by Books on Demand GmbH, Norderstedt / Germany